insel taschenbuch 594
Büchner
Leonce und Lena

Georg Büchner
Leonce und Lena

EIN LUSTSPIEL

MIT FARBIGEN ILLUSTRATIONEN
VON KARL WALSER
UND EINEM NACHWORT
VON JÜRGEN SCHRÖDER

INSEL VERLAG

Die Wiedergabe der Illustrationen von Karl Walser
erfolgt mit freundlicher Genehmigung
von Hedwig Walser-Czarnetzki, Zürich.
Die Vorlagen stellte die Hessische Landes- und Hochschulbibliothek
Darmstadt zur Verfügung.

insel taschenbuch 594
Erste Auflage 1982
© dieser Ausgabe Insel Verlag Frankfurt am Main 1982
Vertrieb durch den Suhrkamp Taschenbuch Verlag
Typografie: Michael Hagemann
Satz: LibroSatz, Kriftel
Druck: Nomos Verlagsgesellschaft, Baden-Baden
Printed in Germany

2 3 4 5 6 7 – 90 89 88 87 86 85

LEONCE UND LENA
EIN LUSTSPIEL

Vorrede

Alfieri: ›E la fama?‹
Gozzi: ›E la fame?‹

PERSONEN

König Peter vom Reiche Popo
Prinz Leonce, sein Sohn, verlobt mit
Prinzessin Lena vom Reiche Pipi
Valerio
Die Gouvernante
Der Hofmeister
Der Ceremonienmeister
Der Präsident des Staatsraths
Der Hofprediger
Der Landrath
Der Schulmeister
Rosetta
Bediente, Staatsräthe, Bauern etc.

ERSTER ACT

O wär' ich doch ein Narr!
Mein Ehrgeiz geht auf eine bunte Jacke.
Wie es Euch gefällt.

ERSTE SCENE
EIN GARTEN

Leonce (halb ruhend auf einer Bank. *Der Hofmeister*) Mein
Herr, was wollen Sie von mir? Mich auf meinen Beruf
vorbereiten? Ich habe alle Hände voll zu thun, ich weiß
mir vor Arbeit nicht zu helfen. Sehen Sie, erst habe ich
auf den Stein hier dreihundert fünf und sechzig Mal
hintereinander zu spucken. Haben Sie das noch nicht
probirt? Thun Sie es, es gewährt eine ganz eigne Unter-
haltung. Dann – sehen Sie diese Hand voll Sand? (Er
nimmt Sand auf, wirft ihn in die Höhe und fängt ihn mit dem Rücken
der Hand wieder auf.) jetzt werf' ich sie in die Höhe.
Wollen wir wetten? Wieviel Körnchen hab' ich jetzt
auf dem Handrücken? Grad oder ungrad? – Wie? Sie
wollen nicht wetten? Sind Sie ein Heide? Glauben Sie
an Gott? Ich wette gewöhnlich mit mir selbst und kann
es tagelang so treiben. Wenn Sie einen Menschen auf-
zutreiben wissen, der Lust hätte als mit mir zu wetten,
so werden Sie mich sehr verbinden. Dann – habe ich
nachzudenken, wie es wohl angehn mag, daß ich mir

einmal auf den Kopf sehe. – O wer sich einmal auf den Kopf sehen könnte! Das ist eins von meinen Idealen. Mir wäre geholfen. Und dann – und dann noch unendlich Viel der Art. – Bin ich ein Müßiggänger? Habe ich keine Beschäftigung? – Ja es ist traurig . . .

Hofmeister Sehr traurig, Euer Hoheit.

Leonce Daß die Wolken schon seit drei Wochen von Westen nach Osten ziehen. Es macht mich ganz melancholisch.

Hofmeister Eine sehr gegründete Melancholie.

Leonce Mensch, warum widersprechen Sie mir nicht? Sie sind pressirt, nicht wahr? Es ist mir leid, daß ich Sie so lange aufgehalten habe. (*Der Hofmeister* entfernt sich mit einer tiefen Verbeugung.) Mein Herr, ich gratulire Ihnen zu der schönen Parenthese, die Ihre Beine machen, wenn Sie sich verbeugen.

Leonce (allein, streckt sich auf der Bank aus) Die Bienen sitzen so träg an den Blumen, und der Sonnenschein liegt so faul auf dem Boden. Es krassirt ein entsetzlicher Müßiggang. – Müßiggang ist aller Laster Anfang. – Was die Leute nicht Alles aus Langeweile treiben! Sie studiren aus Langeweile, sie beten aus Langeweile, sie verlieben, verheirathen und vermehren sich aus Langeweile und sterben endlich an der Langeweile und – und das ist der Humor davon – Alles mit den wichtigsten Gesichtern, ohne zu merken warum, und meinen

Gott weiß was dabei. Alle diese Helden, diese Genies, diese Dummköpfe, diese Heiligen, diese Sünder, diese Familienväter sind im Grunde nichts als raffinirte Müßiggänger. – Warum muß ich es grade wissen? Warum kann ich mir nicht wichtig werden und der armen Puppe einen Frack anziehen und einen Regenschirm in die Hand geben, daß sie sehr rechtlich und sehr nützlich und sehr moralisch würde? – Der Mann, der eben von mir ging, ich beneidete ihn, ich hätte ihn aus Neid prügeln mögen. O wer einmal jemand Anders sein könnte! Nur 'ne Minute lang. –

(*Valerio* halb trunken, kommt gelaufen.)

Leonce Wie der Mensch läuft! Wenn ich nur etwas unter der Sonne wüßte, was mich noch könnte laufen machen.

Valerio (stellt sich dicht vor den Prinzen, legt den Finger an die Nase und sieht ihn starr an) Ja!

Leonce (eben so) Richtig!

Valerio Haben Sie mich begriffen?

Leonce Vollkommen.

Valerio Nun, so wollen wir von etwas Anderm reden. (Er legt sich ins Gras.) Ich werde mich indessen in das Gras legen und meine Nase oben zwischen den Halmen herausblühen lassen und romantische Empfindungen beziehen, wenn die Bienen und Schmetterlinge sich darauf wiegen, wie auf einer Rose.

Leonce Aber Bester, schnaufen Sie nicht so stark, oder die Bienen und Schmetterlinge müssen verhungern über den ungeheuren Prisen, die Sie aus den Blumen ziehen.

Valerio Ach Herr, was ich ein Gefühl für die Natur habe! Das Gras steht so schön, daß man ein Ochs sein möchte, um es fressen zu können, und dann wieder ein Mensch, um den Ochsen zu fressen, der solches Gras gefressen.

Leonce Unglücklicher, Sie scheinen auch an Idealen zu laboriren.

Valerio Es ist ein Jammer. Man kann keinen Kirchthurm herunterspringen, ohne den Hals zu brechen. Man kann keine vier Pfund Kirschen mit den Steinen essen, ohne Leibweh zu kriegen. Seht, Herr, ich könnte mich in eine Ecke setzen und singen vom Abend bis zum Morgen: »Hei, da sitzt e Fleig an der Wand! Fleig an der Wand! Fleig an der Wand!« und so fort bis zum Ende meines Lebens.

Leonce Halt's Maul mit deinem Lied, man könnte darüber ein Narr werden.

Valerio So wäre man doch etwas. Ein Narr! Ein Narr! Wer will mir seine Narrheit gegen meine Vernunft verhandeln? Ha, ich bin Alexander der Große! Wie mir die Sonne eine goldne Krone in die Haare scheint, wie meine Uniform blitzt! Herr Generalissimus Heupferd, lassen Sie die Truppen anrücken! Herr Finanzminister Kreuzspinne, ich brauche Geld! Liebe Hofdame Libelle, was macht meine theure Gemahlin Bohnenstange? Ach bester Herr Leibmedicus Cantharide, ich bin um einen Erbprinzen verlegen. Und zu diesen köstlichen Phantasieen bekommt man gute Suppe, gutes Fleisch, gutes Brod, ein gutes Bett und das Haar umsonst geschoren – im Narrenhaus nämlich –, während ich mit meiner gesunden Vernunft mich höchstens noch zur Beförderung der Reife auf einen Kirschbaum verdingen könnte, um – nun? – um?

Leonce Um die Kirschen durch die Löcher in deinen Hosen schamroth zu machen! Aber Edelster, dein Handwerk, deine Profession, dein Gewerbe, dein Stand, deine Kunst?

Valerio (mit Würde) Herr, ich habe die große Beschäftigung, müßig zu gehen, ich habe eine ungemeine Fertigkeit im Nichtsthun, ich besitze eine ungeheure Ausdauer in der Faulheit. Keine Schwiele schändet meine Hände, der Boden hat noch keinen Tropfen von meiner Stirne getrunken, ich bin noch Jungfrau in der Arbeit, und wenn es mir nicht der Mühe zu viel wäre, würde ich mir die Mühe nehmen, Ihnen diese Verdienste weitläufiger auseinanderzusetzen.

Leonce (mit komischem Enthusiasmus) Komm an meine Brust! Bist du einer von den Göttlichen, welche mühelos mit reiner Stirne durch den Schweiß und Staub über die Heerstraße des Lebens wandeln, und mit glänzenden Sohlen und blühenden Leibern gleich seligen Göttern in den Olympus treten? Komm! Komm!

Valerio (singt im Abgehen) Hei! da sitzt e Fleig an der Wand! Fleig an der Wand! Fleig an der Wand! (Beide Arm in Arm ab.)

ZWEITE SCENE

EIN ZIMMER

König Peter wird von *zwei Kammerdienern* angekleidet.

Peter (während er angekleidet wird) Der Mensch muß denken und ich muß für meine Unterthanen denken, denn sie denken nicht, sie denken nicht. – Die Substanz ist das ›an sich‹, das bin ich. (Er läuft fast nackt im Zimmer herum.) Begriffen? An sich ist an sich, versteht ihr? Jetzt kommen meine Attribute, Modificationen, Affectionen und Accidenzien, wo ist mein Hemd, meine Hose? – Halt, pfui! der freie Wille steht davorn ganz offen. Wo ist die Moral, wo sind die Manschetten? Die Kategorien sind in der schändlichsten Verwirrung, es sind zwei Knöpfe zuviel zugeknöpft, die Dose steckt in der rechten Tasche. Mein ganzes System ist ruinirt. – Ha, was bedeutet der Knopf im Schnupftuch? Kerl, was bedeutet der Knopf, an was wollte ich mich erinnern?

Erster Kammerdiener Als Eure Majestät diesen Knopf in Ihr Schnupftuch zu knüpfen geruhten, so wollten Sie . . .

Peter Nun?

Erster Kammerdiener Sich an Etwas erinnern.

Peter Eine verwickelte Antwort! – Ei! Nun an was meint Er?

Zweiter Kammerdiener Eure Majestät wollten sich an Etwas erinnern, als Sie diesen Knopf in Ihr Schnupftuch zu knüpfen geruhten.

Peter (läuft auf und ab) Was? Was? Die Menschen machen mich confus, ich bin in der größten Verwirrung. Ich weiß mir nicht mehr zu helfen.

(Ein Diener tritt auf.)

Diener Eure Majestät, der Staatsrath ist versammelt.

Peter (freudig) Ja, das ist's, das ist's. – Ich wollte mich an mein Volk erinnern! Kommen Sie meine Herren! Gehn Sie symmetrisch. Ist es nicht sehr heiß? Nehmen Sie doch auch Ihre Schnupftücher und wischen Sie sich das Gesicht. Ich bin immer so in Verlegenheit, wenn ich öffentlich sprechen soll. (Alle ab.)

(*König Peter. Der Staatsrath.*)

Peter Meine Lieben und Getreuen, ich wollte euch hiermit kund und zu wissen thun, kund und zu wissen thun – denn entweder verheirathet sich mein Sohn, oder nicht, (legt den Finger an die Nase.) entweder, oder –

ihr versteht mich doch? Ein Drittes gibt es nicht. Der Mensch muß denken. (Steht eine Zeit lang sinnend.) Wenn ich so laut rede, so weiß ich nicht wer es eigentlich ist, ich oder ein Anderer, das ängstigt mich. (Nach langem Besinnen.) Ich bin ich. – Was halten Sie davon, Präsident?

Präsident (gravitätisch langsam) Eure Majestät, vielleicht ist es so, vielleicht ist es aber auch nicht so.

Der ganze Staatsrath im Chor Ja, vielleicht ist es so, vielleicht ist es aber auch nicht so.

Peter (mit Rührung) O meine Weisen! – Also von was war eigentlich die Rede? Von was wollte ich sprechen? Präsident, was haben Sie ein so kurzes Gedächtniß bei einer so feierlichen Gelegenheit? Die Sitzung ist aufgehoben. (Er entfernt sich feierlich, der ganze Staatsrath folgt ihm.)

DRITTE SCENE

EIN REICHGESCHMÜCKTER SAAL,

KERZEN BRENNEN

Leonce mit einigen Dienern.

Leonce Sind alle Läden geschlossen? Zündet die Kerzen an! Weg mit dem Tag! Ich will Nacht, tiefe ambrosische Nacht. Stellt die Lampen unter Krystallglocken zwischen die Oleander, daß sie wie Mädchenaugen unter den Wimpern der Blätter hervorträumen. Rückt die Rosen näher, daß der Wein wie Thautropfen auf die Kelche sprudle. Musik! Wo sind die Violinen? Wo ist die Rosetta? Fort! Alle hinaus! (Die Diener gehen ab.)

(*Leonce* streckt sich auf ein Ruhebett. *Rosetta* zierlich gekleidet, tritt ein. Man hört Musik aus der Ferne.)

Rosetta (nähert sich schmeichelnd) Leonce!

Leonce Rosetta!

Rosetta Leonce!

Leonce Rosetta!

Rosetta Deine Lippen sind träg. Vom Küssen?

Leonce Vom Gähnen!

Rosetta Oh!

Leonce Ach Rosetta, ich habe die entsetzliche Arbeit . . .

Rosetta Nun?

Leonce Nichts zu thun . . .

Rosetta Als zu lieben?

Leonce Freilich Arbeit!

Rosetta (beleidigt) Leonce!

Leonce Oder Beschäftigung.

Rosetta Oder Müßiggang.

Leonce Du hast Recht wie immer. Du bist ein kluges Mädchen, und ich halte viel auf deinen Scharfsinn.

Rosetta So liebst du mich aus Langeweile?

Leonce Nein, ich habe Langeweile, weil ich dich

liebe. Aber ich liebe meine Langeweile wie dich. Ihr seid eins. O dolce far niente, ich träume über deinen Augen, wie an wunderheimlichen tiefen Quellen, das Kosen deiner Lippen schläfert mich ein, wie Wellenrauschen. (Er umfaßt sie.) Komm liebe Langeweile, deine Küsse sind ein wollüstiges Gähnen, und deine Schritte sind ein zierlicher Hiatus.

Rosetta Du liebst mich, Leonce?

Leonce Ei warum nicht?

Rosetta Und immer?

Leonce Das ist ein langes Wort: immer! Wenn ich dich nun noch fünftausend Jahre und sieben Monate liebe, ist's genug? Es ist zwar viel weniger, als immer, ist aber doch eine erkleckliche Zeit, und wir können uns Zeit nehmen, uns zu lieben.

Rosetta Oder die Zeit kann uns das Lieben nehmen.

Leonce Oder das Lieben uns die Zeit. Tanze, Rosetta, tanze, daß die Zeit mit dem Takt deiner niedlichen Füße geht!

Rosetta Meine Füße gingen lieber aus der Zeit. (Sie tanzt und singt.)

O meine müden Füße, ihr müßt tanzen
In bunten Schuhen,
Und möchtet lieber tief, tief
Im Boden ruhen.

O meine heißen Wangen, ihr müßt glühen
Im wilden Kosen,
Und möchtet lieber blühen
Zwei weiße Rosen.

O meine armen Augen, ihr müßt blitzen
Im Strahl der Kerzen,
Und lieber schlieft ihr aus im Dunkeln
Von euren Schmerzen.

Leonce (indeß träumend vor sich hin) O, eine sterbende
Liebe ist schöner, als eine werdende. Ich bin ein Römer; bei dem köstlichen Mahle spielen zum Dessert die
goldnen Fische in ihren Todesfarben. Wie ihr das Roth
von den Wangen stirbt, wie still das Auge ausglüht,
wie leis das Wogen ihrer Glieder steigt und fällt! Adio,
adio meine Liebe, ich will deine Leiche lieben. (*Rosetta*
nähert sich ihm wieder.) Thränen, Rosetta? Ein feiner Epi-
kuräismus – weinen zu können. Stelle dich in die
Sonne, daß die köstlichen Tropfen krystallisiren, es
muß prächtige Diamanten geben. Du kannst dir ein
Halsband daraus machen lassen.

Rosetta Wohl Diamanten, sie schneiden mir in die
Augen. Ach Leonce! (Will ihn umfassen.)

Leonce Gib Acht! Mein Kopf! Ich habe unsere Liebe
darin beigesetzt. Sieh zu den Fenstern meiner Augen

hinein. Siehst du, wie schön todt das arme Ding ist? Siehst du die zwei weißen Rosen auf seinen Wangen und die zwei rothen auf seiner Brust? Stoß mich nicht, daß ihm kein Aermchen abbricht, es wäre Schade. Ich muß meinen Kopf gerade auf den Schultern tragen, wie die Todtenfrau einen Kindersarg.

Rosetta (scherzend) Narr!

Leonce Rosetta. (*Rosetta* macht ihm eine Fratze.) Gott sei Dank! (Hält sich die Augen zu.)

Rosetta (erschrocken) Leonce, sieh mich an.

Leonce Um keinen Preis!

Rosetta Nur einen Blick!

Leonce Keinen! Weinst du? Um ein klein wenig, und meine liebe Liebe käme wieder auf die Welt. Ich bin froh, daß ich sie begraben habe. Ich behalte den Eindruck.

Rosetta (entfernt sich traurig und langsam, sie singt im Abgehn)

> Ich bin eine arme Waise,
>
> Ich fürchte mich ganz allein.
>
> Ach lieber Gram –
>
> Willst du nicht kommen mit mir heim?

Leonce (allein) Ein sonderbares Ding um die Liebe. Man liegt ein Jahr lang schlafwachend zu Bette, und an einem schönen Morgen wacht man auf, trinkt ein Glas Wasser, zieht seine Kleider an und fährt sich mit der Hand über die Stirn und besinnt sich – und besinnt

sich. – Mein Gott, wieviel Weiber hat man nöthig, um die Scala der Liebe auf und ab zu singen? Kaum daß Eine einen Ton ausfüllt. Warum ist der Dunst über unsrer Erde ein Prisma, das den weißen Gluthstrahl der Liebe in einen Regenbogen bricht? (Er trinkt.) In welcher Bouteille steckt denn der Wein, an dem ich mich heute betrinken soll? Bringe ich es nicht einmal mehr so weit? Ich sitze wie unter einer Luftpumpe. Die Luft so scharf und dünn, daß mich friert, als sollte ich in Nankinghosen Schlittschuh laufen. – Meine Herren, meine Herren, wißt ihr auch, was Caligula und Nero waren? Ich weiß es. – Komm Leonce, halte mir einen Monolog, ich will zuhören. Mein Leben gähnt mich an, wie ein großer weißer Bogen Papier, den ich voll-schreiben soll, aber ich bringe keinen Buchstaben her-aus. Mein Kopf ist ein leerer Tanzsaal, einige verwelkte Rosen und zerknitterte Bänder auf dem Boden, gebor-stene Violinen in der Ecke, die letzten Tänzer haben die Masken abgenommen und sehen mit todmüden Augen einander an. Ich stülpe mich jeden Tag vier und zwanzigmal herum, wie einen Handschuh. O ich kenne mich, ich weiß was ich in einer Viertelstunde, was ich in acht Tagen, was ich in einem Jahre denken und träumen werde. Gott, was habe ich denn verbrochen, daß du mich, wie einen Schulbuben, meine Lection so oft hersagen läßt? –

Bravo Leonce! Bravo! (Er klatscht.) Es thut mir ganz wohl, wenn ich mir so rufe. He! Leonce! Leonce!

Valerio (unter einem Tisch hervor) Eure Hoheit scheint mir wirklich auf dem besten Weg, ein wahrhaftiger Narr zu werden.

Leonce Ja, beim Licht besehen, kommt es mir eigentlich eben so vor.

Valerio Warten Sie, wir wollen uns darüber sogleich ausführlicher unterhalten. Ich habe nur noch ein Stück Braten zu verzehren, das ich aus der Küche, und etwas Wein, den ich von Ihrem Tische gestohlen. Ich bin gleich fertig.

Leonce Das schmatzt. Der Kerl verursacht mir ganz idyllische Empfindungen; ich könnte wieder mit dem Einfachsten anfangen, ich könnte Käs essen, Bier trinken, Tabak rauchen. Mach fort, grunze nicht so mit deinem Rüssel, und klappre mit deinen Hauern nicht so.

Valerio Werthester Adonis, sind Sie in Angst um Ihre Schenkel? Sein Sie unbesorgt, ich bin weder ein Besenbinder, noch ein Schulmeister. Ich brauche keine Gerten zu Ruthen.

Leonce Du bleibst nichts schuldig.

Valerio Ich wollte, es ginge meinem Herrn eben so.

Leonce Meinst du, damit du zu deinen Prügeln kämst? Bist du so besorgt um deine Erziehung?

Valerio O Himmel, man kömmt leichter zu seiner Erzeugung, als zu seiner Erziehung. Es ist traurig, in welche Umstände Einen andere Umstände versetzen können! Was für Wochen hab' ich erlebt, seit meine Mutter in die Wochen kam! Wieviel Gutes hab' ich empfangen, das ich meiner Empfängniß zu danken hätte?

Leonce Was deine Empfänglichkeit betrifft, so könnte sie es nicht besser treffen, um getroffen zu werden. Drück dich besser aus, oder du sollst den unangenehmsten Eindruck von meinem Nachdruck haben.

Valerio Als meine Mutter um das Vorgebirg der guten Hoffnung schiffte . . .

Leonce Und dein Vater an Cap Horn Schiffbruch litt . . .

Valerio Richtig, denn er war Nachtwächter. Doch setzte er das Horn nicht so oft an die Lippen, als die Väter edler Söhne an die Stirn.

Leonce Mensch, du besitzest eine himmlische Unverschämtheit. Ich fühle ein gewisses Bedürfniß, mich in nähere Berührung mit ihr zu setzen. Ich habe eine große Passion dich zu prügeln.

Valerio Das ist eine schlagende Antwort und ein triftiger Beweis.

Leonce (geht auf ihn los) Oder du bist eine geschlagene Antwort. Denn du bekommst Prügel für deine Antwort.

Valerio (läuft weg, *Leonce* stolpert und fällt) Und Sie sind ein Beweis, der noch geführt werden muß, denn er fällt über seine eigenen Beine, die im Grund genommen selbst noch zu beweisen sind. Es sind höchst unwahrscheinliche Waden und sehr problematische Schenkel.

(*Der Staatsrath* tritt auf.

Leonce bleibt auf dem Boden sitzen. *Valerio.*)

Präsident Eure Hoheit verzeihen . . .

Leonce Wie mir selbst! Wie mir selbst! Ich verzeihe mir die Gutmüthigkeit Sie anzuhören. Meine Herren wollen Sie nicht Platz nehmen? – Was die Leute für Gesichter machen, wenn sie das Wort Platz hören! Setzen Sie sich nur auf den Boden und geniren Sie sich nicht. Es ist doch der letzte Platz, den Sie einmal erhalten, aber er trägt Niemand etwas ein, als dem Todtengräber.

Präsident (verlegen mit den Fingern schnipsend) Geruhen Eure Hoheit . . .

Leonce Aber schnipsen Sie nicht so mit den Fingern, wenn Sie mich nicht zum Mörder machen wollen.

Präsident (immer stärker schnipsend) Wollten gnädigst, in Betracht . . .

Leonce Mein Gott, stecken Sie doch die Hände in die Hosen, oder setzen Sie sich darauf. Er ist ganz aus der Fassung. Sammeln Sie sich.

Valerio Man darf Kinder nicht während des Pissens unterbrechen, sie bekommen sonst eine Verhaltung.

Leonce Mann, fassen Sie sich. Bedenken Sie Ihre Familie und den Staat. Sie riskiren einen Schlagfluß, wenn Ihnen Ihre Rede zurücktritt.

Präsident (zieht ein Papier aus der Tasche) Erlauben Eure Hoheit . . .

Leonce Was, Sie können schon lesen? Nun denn . . .

Präsident Daß man der zu erwartenden Ankunft von Eurer Hoheit verlobter Braut, der durchlauchtigsten Prinzessin Lena von Pipi, auf morgen sich zu gewärtigen habe, davon läßt Ihro königliche Majestät Eure Hoheit benachrichtigen.

Leonce Wenn meine Braut mich erwartet, so werde ich ihr den Willen thun und sie auf mich warten lassen. Ich habe sie gestern Nacht im Traum gesehen, sie hatte ein Paar Augen so groß, daß die Tanzschuhe meiner Rosetta zu Augenbraunen darüber gepaßt hätten, und auf den Wangen war kein Grübchen zu sehen, sondern ein Paar Abzugsgruben für das Lachen. Ich glaube an Träume. Träumen Sie auch zuweilen Herr Präsident? Haben Sie auch Ahnungen?

Valerio Versteht sich. Immer die Nacht vor dem Tag, an dem ein Braten an der königlichen Tafel verbrennt, ein Kapaun krepirt, oder Ihre königliche Majestät Leibweh bekommt.

Leonce A propos, hatten Sie nicht noch etwas auf der Zunge? Geben Sie nur Alles von sich.

Präsident An dem Tage der Vermählung ist ein höchster Wille gesonnen, seine allerhöchsten Willensäußerungen in die Hände Eurer Hoheit niederzulegen.

Leonce Sagen Sie einem höchsten Willen, daß ich Alles thun werde, das ausgenommen, was ich werde bleiben lassen, was aber jedenfalls nicht so viel sein wird, als wenn es noch einmal so viel wäre. – Meine Herren, Sie entschuldigen, daß ich Sie nicht begleite, ich habe gerade die Passion zu sitzen, aber meine Gnade ist so groß, daß ich sie ja mit den Beinen doch nicht ausmessen kann. (Er spreizt die Beine auseinander.) Herr Präsident, nehmen Sie doch das Maaß, damit Sie mich später daran erinnern. Valerio gieb den Herren das Geleite.

Valerio Das Geläute? Soll ich dem Herrn Präsidenten eine Schelle anhängen? Soll ich sie führen, als ob sie auf allen Vieren gingen?

Leonce Mensch, du bist nichts als ein schlechtes Wortspiel. Du hast weder Vater noch Mutter, sondern die fünf Vokale haben dich miteinander erzeugt.

Valerio Und Sie Prinz, sind ein Buch ohne Buchstaben, mit nichts als Gedankenstrichen. – Kommen Sie jetzt meine Herren! Es ist eine traurige Sache um das Wort k o m m e n, will man ein Einkommen, so muß man stehlen, an ein Aufkommen ist nicht zu denken, als wenn man sich hängen läßt, ein Unterkommen findet man erst, wenn man begraben wird, und ein Auskommen hat man jeden Augenblick mit seinem Witz, wenn man nichts mehr zu sagen weiß, wie ich zum Beispiel eben, und Sie, ehe Sie noch etwas gesagt haben. Ihr Abkommen haben Sie gefunden und Ihr Fortkommen werden Sie jetzt zu suchen ersucht. (*Staatsrath* und *Valerio* ab.)

Leonce (allein) Wie gemein ich mich zum Ritter an den armen Teufeln gemacht habe! Es steckt nun aber doch einmal ein gewisser Genuß in einer gewissen Gemeinheit. – Hm! Heirathen! Das heißt einen Ziehbrunnen leer trinken. O Shandy, alter Shandy, wer mir deine Uhr schenkte! (*Valerio* kommt zurück.) Ach Valerio, hast du es gehört?

Valerio Nun Sie sollen König werden, das ist eine lustige Sache. Man kann den ganzen Tag spazieren fahren und den Leuten die Hüte verderben durch's viele Abziehen, man kann aus ordentlichen Menschen ordentliche Soldaten ausschneiden, so daß Alles ganz natürlich wird, man kann schwarze Fräcke und weiße Halsbinden zu Staatsdienern machen, und wenn man stirbt, so laufen alle blanken Knöpfe blau an und die Glockenstricke reißen wie Zwirnsfäden vom vielen Läuten. Ist das nicht unterhaltend?

Leonce Valerio! Valerio! Wir müssen was Anderes treiben. Rathe!

Valerio Ach die Wissenschaft, die Wissenschaft! Wir wollen Gelehrte werden! a priori? oder a posteriori?

Leonce a priori, das muß man bei meinem Herrn Vater lernen; und a posteriori fängt Alles an, wie ein altes Mährchen: es war einmal!

Valerio So wollen wir Helden werden. (Er marschirt trompetend und trommelnd auf und ab.) Trom – trom – pläre – plem!

Leonce Aber der Heroismus fuselt abscheulich und bekommt das Lazarethfieber und kann ohne Lieutenants und Rekruten nicht bestehen. Pack dich mit deiner Alexanders- und Napoleonsromantik!

Valerio So wollen wir Genies werden.

Leonce Die Nachtigall der Poesie schlägt den ganzen Tag über unserm Haupt, aber das Feinste geht zum Teufel, bis wir ihr die Federn ausreißen und in die Tinte oder die Farbe tauchen.

Valerio So wollen wir nützliche Mitglieder der menschlichen Gesellschaft werden.

Leonce Lieber möchte ich meine Demission als Mensch geben.

Valerio So wollen wir zum Teufel gehen.

Leonce Ach der Teufel ist nur des Contrastes wegen da, damit wir begreifen sollen, daß am Himmel doch eigentlich etwas sei. (Aufspringend.) Ah Valerio, Valerio, jetzt hab' ich's! Fühlst du nicht das Wehen aus Süden?

Fühlst du nicht wie der tiefblaue glühende Aether auf und ab wogt, wie das Licht blitzt von dem goldnen, sonnigen Boden, von der heiligen Salzfluth und von den Marmor-Säulen und Leibern? Der große Pan schläft und die ehernen Gestalten träumen im Schatten über den tiefrauschenden Wellen von dem alten Zaubrer Virgil, von Tarantella und Tambourin und tiefen tollen Nächten, voll Masken, Fackeln und Guitarren. Ein Lazzaroni! Valerio! ein Lazzaroni! Wir gehen nach Italien.

VIERTE SCENE

EIN GARTEN

Prinzessin Lena im Brautschmuck. *Die Gouvernante.*

Lena Ja, jetzt! Da ist es. Ich dachte die Zeit an nichts. Es ging so hin, und auf einmal richtet sich d e r Tag vor mir auf. Ich habe den Kranz im Haar – und die Glocken, die Glocken!

(Sie lehnt sich zurück und schließt die Augen.)

Sieh, ich wollte, der Rasen wüchse so über mich und die Bienen summten über mir hin; sieh, jetzt bin ich eingekleidet und habe Rosmarin im Haar. Gibt es nicht ein altes Lied:

> Auf dem Kirchhof will ich liegen
> Wie ein Kindlein in der Wiegen . . .

39

Gouvernante Armes Kind, wie Sie bleich sind unter Ihren blitzenden Steinen.

Lena O Gott, ich könnte lieben, warum nicht? Man geht ja so einsam und tastet nach einer Hand, die einen hielte, bis die Leichenfrau die Hände auseinandernähme und sie Jedem über der Brust faltete. Aber warum schlägt man einen Nagel durch zwei Hände, die sich nicht suchten? Was hat meine arme Hand gethan? (Sie zieht einen Ring vom Finger.) Dieser Ring sticht mich wie eine Natter.

Gouvernante Aber – er soll ja ein wahrer Don Carlos sein.

Lena Aber – ein Mann –

Gouvernante Nun?

Lena Den man nicht liebt. (Sie erhebt sich.) Pfui! Siehst du, ich schäme mich. – Morgen ist aller Duft und Glanz von mir gestreift. Bin ich denn wie die arme, hülflose Quelle, die jedes Bild, das sich über sie bückt, in ihrem stillen Grund abspiegeln muß? Die Blumen öffnen und schließen, wie sie wollen, ihre Kelche der Morgensonne und dem Abendwind. Ist denn die Tochter eines Königs weniger, als eine Blume?

Gouvernante (weinend) Lieber Engel, du bist doch ein wahres Opferlamm.

Lena Ja wohl – und der Priester hebt schon das Messer. – Mein Gott, mein Gott, ist es denn wahr, daß

wir uns selbst erlösen müssen mit unserm Schmerz? Ist es denn wahr, die Welt sei ein gekreuzigter Heiland, die Sonne seine Dornenkrone und die Sterne die Nägel und Speere in seinen Füßen und Lenden?

Gouvernante Mein Kind, mein Kind! ich kann dich nicht so sehen. – Es kann nicht so gehen, es tödtet dich. Vielleicht, wer weiß! Ich habe so etwas im Kopf. Wir wollen sehen. Komm! (Sie führt *die Prinzessin* weg.)

ZWEITER ACT

Wie ist mir eine Stimme doch erklungen
Im tiefsten Innern,
Und hat mit Einemmale mir verschlungen
All mein Erinnern.

Adalbert von Chamisso

ERSTE SCENE

FREIES FELD. EIN WIRTHSHAUS
IM HINTERGRUND

Leonce und *Valerio,* der einen Pack trägt, treten auf.

Valerio (keuchend) Auf Ehre, Prinz, die Welt ist doch ein ungeheuer weitläuftiges Gebäude.

Leonce Nicht doch! Nicht doch! Ich wage kaum die Hände auszustrecken, wie in einem engen Spiegelzimmer, aus Furcht überall anzustoßen, daß die schönen Figuren in Scherben auf dem Boden lägen und ich vor der kahlen, nackten Wand stünde.

Valerio Ich bin verloren.

Leonce Da wird Niemand einen Verlust dabei haben als wer dich findet.

Valerio Ich werde mich nächstens in den Schatten meines Schattens stellen.

Leonce Du verflüchtigst dich ganz an der Sonne. Siehst du die schöne Wolke da oben? Sie ist wenigstens

ein Viertel von dir. Sie sieht ganz wohlbehaglich auf deine gröbere materielle Stoffe herab.

Valerio Die Wolke könnte Ihrem Kopf nichts schaden, wenn man Ihnen denselben scheeren und sie Tropfen für Tropfen darauf fallen ließ. – Ein köstlicher Einfall. Wir sind schon durch ein Dutzend Fürstenthümer, durch ein halbes Dutzend Großherzogthümer und durch ein paar Königreiche gelaufen und das in der größten Uebereilung in einem halben Tag, und warum? Weil man König werden und eine schöne Prinzessin heirathen soll. Und Sie leben noch in einer solchen Lage? Ich begreife Ihre Resignation nicht. Ich begreife nicht, daß Sie nicht Arsenik genommen, sich auf das Geländer des Kirchthurms gestellt und sich eine Kugel durch den Kopf gejagt haben, um es ja nicht zu verfehlen.

Leonce Aber Valerio, die Ideale! Ich habe das Ideal eines Frauenzimmers in mir und muß es suchen. Sie ist unendlich schön und unendlich geistlos. Die Schönheit ist da so hülflos, so rührend, wie ein neugebornes Kind. Es ist ein köstlicher Contrast. Diese himmlisch stupiden Augen, dieser göttlich einfältige Mund, dieses schafnasige griechische Profil, dieser geistige Tod in diesem geistigen Leib.

Valerio Teufel! Da sind wir schon wieder auf der Grenze; das ist ein Land, wie eine Zwiebel, nichts als Schaalen, oder wie ineinandergesteckte Schachteln, in

der größten sind nichts als Schachteln und in der klein-
sten ist gar nichts. (Er wirft seinen Pack zu Boden.) Soll denn
dieser Pack mein Grabstein werden? Sehen Sie Prinz
ich werde philosophisch, ein Bild des menschlichen
Lebens. Ich schleppe diesen Pack mit wunden Füßen
durch Frost und Sonnenbrand, weil ich Abends ein
reines Hemd anziehen will und wenn endlich der
Abend kommt, so ist meine Stirn gefurcht, meine
Wange hohl, mein Auge dunkel und ich habe grade
noch Zeit, mein Hemd anzuziehen, als Todtenhemd.
Hätte ich nun nicht gescheidter gethan, ich hätte mein
Bündel vom Stecken gehoben und es in der ersten
besten Kneipe verkauft, und hätte mich dafür betrunken und im Schatten geschlafen, bis es Abend geworden wäre, und hätte nicht geschwitzt und mir keine
Leichdörner gelaufen? Und Prinz, jetzt kommt die
Anwendung und die Praxis. Aus lauter Schamhaftig-
keit wollen wir jetzt auch den inneren Menschen be-
kleiden und Rock und Hosen inwendig anziehen. (Beide
gehen auf das Wirthshaus los.) Ei du lieber Pack, welch ein
köstlicher Duft, welche Weindüfte und Bratengerü-
che! Ei ihr lieben Hosen, wie wurzelt ihr im Boden und
grünt und blüht und die langen schweren Trauben
hängen mir ins Maul und der Most gährt unter der
Kelter. (Sie gehen ab.)

 (*Prinzessin Lena, die Gouvernante* kommen.)

Gouvernante Es muß ein bezauberter Tag sein, die Sonne geht nicht unter, und es ist so unendlich lang seit unsrer Flucht.

Lena Nicht doch, meine Liebe, die Blumen sind ja kaum welk, die ich zum Abschied brach, als wir aus dem Garten gingen.

Gouvernante Und wo wollen wir ruhen? Wir sind noch auf gar nichts gestoßen. Ich sehe kein Kloster, keinen Eremiten, keinen Schäfer.

Lena Wir haben Alles wohl anders geträumt mit unsern Büchern hinter der Mauer unsers Gartens, zwischen unsern Myrthen und Oleandern.

Gouvernante O die Welt ist abscheulich! An einen irrenden Königssohn ist gar nicht zu denken.

Lena O sie ist schön und so weit, so unendlich weit. Ich möchte immer so fort gehen Tag und Nacht.
Es rührt sich nichts. Was ein rother Schein über den Wiesen spielt von den Kukuksblumen und die fernen Berge liegen auf der Erde wie ruhende Wolken.

Gouvernante Du mein Jesus, was wird man sagen? Und doch ist es so zart und weiblich! Es ist eine Entsagung. Es ist wie die Flucht der heiligen Odilia. Aber wir müssen ein Obdach suchen. Es wird Abend!

Lena Ja die Pflanzen legen ihre Fiederblättchen zum Schlaf zusammen und die Sonnenstrahlen wiegen sich an den Grashalmen wie müde Libellen.

ZWEITE SCENE

DAS WIRTHSHAUS AUF EINER ANHÖHE
AN EINEM FLUSS, WEITE AUSSICHT.
DER GARTEN VOR DEMSELBEN

Valerio, Leonce.

Valerio Nun Prinz, liefern Ihre Hosen nicht ein köstliches Getränk? Laufen Ihnen Ihre Stiefel nicht mit der größten Leichtigkeit die Kehle hinunter?

Leonce Siehst du die alten Bäume, die Hecken, die Blumen? das Alles hat seine Geschichten, seine lieblichen heimlichen Geschichten. Siehst du die greisen freundlichen Gesichter unter den Reben an der Hausthür? Wie sie sitzen und sich bei den Händen halten und Angst haben, daß sie so alt sind und die Welt noch so jung ist. O Valerio, und ich bin so jung, und die Welt ist so alt. Ich bekomme manchmal eine Angst um mich und könnte mich in eine Ecke setzen und heiße Thränen weinen aus Mitleid mit mir.

Valerio (gibt ihm ein Glas) Nimm diese Glocke, diese Taucherglocke und senke dich in das Meer des Weines, daß es Perlen über dir schlägt. Sieh wie die Elfen über dem Kelch der Weinblume schweben, goldbeschuht, die Cymbeln schlagend.

Leonce (aufspringend) Komm Valerio, wir müssen was treiben, was treiben. Wir wollen uns mit tiefen Gedanken abgeben; wir wollen untersuchen wie es kommt, daß der Stuhl auf drei Beinen steht und nicht auf zwei, daß man sich die Nase mit Hülfe der Hände putzt und nicht wie die Fliegen mit den Füßen. Komm, wir wollen Ameisen zergliedern, Staubfäden zählen; ich werde es doch noch zu irgend einer fürstlichen Liebhaberei bringen. Ich werde doch noch eine Kinderrassel finden, die mir erst aus der Hand fällt, wenn ich Flocken lese und an der Decke zupfe. Ich habe noch eine gewisse Dosis Enthusiasmus zu verbrauchen; aber wenn ich Alles recht warm gekocht habe, so brauche ich eine unendliche Zeit um einen Löffel zu finden, mit dem ich das Gericht esse und darüber steht es ab.

Valerio Ergo bibamus. Diese Flasche ist keine Geliebte, keine Idee, sie macht keine Geburtsschmerzen, sie wird nicht langweilig, wird nicht treulos, sie bleibt eins vom ersten Tropfen bis zum letzten. Du brichst das Siegel und alle Träume, die in ihr schlummern, sprühen dir entgegen.

Leonce O Gott! Die Hälfte meines Lebens soll ein Gebet sein, wenn mir nur ein Strohhalm bescheert wird, auf dem ich reite, wie auf einem prächtigen Roß, bis ich selbst auf dem Stroh liege. – Welch unheimlicher Abend. Da unten ist Alles still und da oben wechseln und ziehen die Wolken und der Sonnenschein geht und kommt wieder. Sieh, was seltsame Gestalten sich dort jagen, sieh die langen weißen Schatten mit den entsetzlich magern Beinen und Fledermausschwingen und Alles so rasch, so wirr und da unten rührt sich kein Blatt, kein Halm. Die Erde hat sich ängstlich zusammengeschmiegt, wie ein Kind und über ihre Wiege schreiten die Gespenster.

Valerio Ich weiß nicht, was Ihr wollt, mir ist ganz behaglich zu Muth. Die Sonne sieht aus wie ein Wirthshausschild und die feurigen Wolken darüber, wie die Aufschrift: ›Wirthshaus zur goldnen Sonne‹. Die Erde und das Wasser da unten sind wie ein Tisch auf dem Wein verschüttet ist und wir liegen darauf wie Spielkarten, mit denen Gott und der Teufel aus Langerweile eine Parthie machen und Ihr seid der Kartenkönig und ich bin ein Kartenbube, es fehlt nur noch eine Dame, eine schöne Dame, mit einem großen Lebkuchenherz auf der Brust und einer mächtigen Tulpe, worin die lange Nase sentimental versinkt, (*Die Gouvernante* und *die Prinzessin* treten auf.) und – bei Gott da ist sie! Es ist aber eigentlich keine Tulpe, sondern eine Prise Tabak und es ist eigentlich keine Nase, sondern ein Rüssel. (Zur *Gouvernante*.) Warum schreiten Sie, Wertheste, so eilig, daß man Ihre weiland Waden bis zu Ihren respectabeln Strumpfbändern sieht?

Gouvernante (heftig erzürnt, bleibt stehen) Warum reißen

Sie, Geehrtester, das Maul so weit auf, daß Sie einem ein Loch in die Aussicht machen?

Valerio Damit Sie, Geehrteste, sich die Nase am Horizont nicht blutig stoßen. Ihre Nase ist wie der Thurm auf Libanon, der gen Damascum steht.

Lena (zur *Gouvernante*) Meine Liebe, ist denn der Weg so lang?

Leonce (träumend vor sich hin) O, jeder Weg ist lang! Das Picken der Todtenuhr in unserer Brust ist langsam und jeder Tropfen Blut mißt seine Zeit und unser Leben ist ein schleichend Fieber. Für müde Füße ist jeder Weg zu lang . . .

Lena (die ihm ängstlich sinnend zuhört) Und für müde Augen jedes Licht zu scharf und müde Lippen jeder Hauch zu schwer (lächelnd) und müde Ohren jedes Wort zu viel. (Sie tritt mit der *Gouvernante* ins Haus.)

Leonce O lieber Valerio! Könnte ich nicht auch sagen: »Sollte nicht dies und ein Wald von Federbüschen nebst ein Paar gepufften Rosen auf meinen Schuhen –?« Ich hab' es glaub' ich ganz melancholisch gesagt. Gott sei Dank, daß ich anfange mit der Melancholie niederzukommen. Die Luft ist nicht mehr so hell und kalt, der Himmel senkt sich glühend dicht um mich und schwere Tropfen fallen. – O diese Stimme: Ist denn der Weg so lang? Es reden viele Stimmen über die Erde und man meint sie sprächen von andern

Dingen, aber ich hab' sie verstanden. Sie ruht auf mir wie der Geist, da er über den Wassern schwebte, eh' das Licht ward. Welch Gähren in der Tiefe, welch Werden in mir, wie sich die Stimme durch den Raum gießt. – Ist denn der Weg so lang? (Geht ab.)

Valerio Nein. Der Weg zum Narrenhaus ist nicht so lang, er ist leicht zu finden, ich kenne alle Fußpfade, alle Vicinalwege und Chausseen dorthin. Ich sehe ihn schon auf einer breiten Allee dahin, an einem eiskalten Wintertag den Hut unter dem Arm, wie er sich in die langen Schatten unter die kahlen Bäume stellt und mit dem Schnupftuch fächelt. – Er ist ein Narr! (Folgt ihm.)

DRITTE SCENE
EIN ZIMMER

Lena. Die Gouvernante.

Gouvernante Denken Sie nicht an den Menschen.

Lena Er war so alt unter seinen blonden Locken. Den Frühling auf den Wangen, und den Winter im Herzen. Das ist traurig. Der müde Leib findet ein Schlafkissen überall, doch wenn der Geist müd' ist, wo soll er ruhen? Es kommt mir ein entsetzlicher Gedanke, ich glaube es gibt Menschen, die unglücklich sind, unheilbar, blos weil sie sind. (Sie erhebt sich.)

Gouvernante Wohin mein Kind?

Lena Ich will hinunter in den Garten.

Gouvernante Aber . . .

Lena Aber, liebe Mutter, du weißt man hätte mich eigentlich in eine Scherbe setzen sollen. Ich brauche Thau und Nachtluft wie die Blumen. Hörst du die Harmonieen des Abends? Wie die Grillen den Tag einsingen und die Nachtviolen ihn mit ihrem Duft einschläfern! Ich kann nicht im Zimmer bleiben. Die Wände fallen auf mich.

VIERTE SCENE

DER GARTEN. NACHT UND

MONDSCHEIN

Man sieht *Lena* auf dem Rasen sitzend.

Valerio (in einiger Entfernung) Es ist eine schöne Sache um die Natur, sie ist aber doch nicht so schön, als wenn es keine Schnaken gäbe, die Wirthsbetten etwas reinlicher wären und die Todtenuhren nicht so in den Wänden pickten. Drin schnarchen die Menschen und draußen quaken die Frösche, drin pfeifen die Hausgrillen und draußen die Feldgrillen. Lieber Rasen, dies ist ein rasender Entschluß.

(Er legt sich auf den Rasen nieder.)

Leonce (tritt auf) O Nacht, balsamisch wie die erste, die auf das Paradies herabsank. (Er bemerkt *die Prinzessin* und nähert sich ihr leise.)

Lena (spricht vor sich hin) Die Grasmücke hat im Traum gezwitschert, die Nacht schläft tiefer, ihre Wange wird bleicher und ihr Athem stiller. Der Mond ist wie ein schlafendes Kind, die goldnen Locken sind ihm im Schlaf über das liebe Gesicht heruntergefallen. – O sein Schlaf ist Tod. Wie der todte Engel auf seinem dunkeln Kissen ruht und die Sterne gleich Kerzen um ihn brennen. Armes Kind, kommen die schwarzen Männer bald dich holen? Wo ist deine Mutter? Will sie dich nicht noch einmal küssen? Ach es ist traurig, todt und so allein.

Leonce Steh auf in deinem weißen Kleide und wandle hinter der Leiche durch die Nacht und singe ihr das Todtenlied.

Lena Wer spricht da?

Leonce Ein Traum.

Lena Träume sind selig.

Leonce So träume dich selig und laß mich dein seliger Traum sein.

Lena Der Tod ist der seligste Traum.

Leonce So laß mich dein Todesengel sein. Laß meine Lippen sich gleich seinen Schwingen auf deine Augen senken. (Er küßt sie.) Schöne Leiche, du ruhst so lieblich auf dem schwarzen Bahrtuch der Nacht, daß die Natur das Leben haßt und sich in den Tod verliebt.

Lena Nein, laß mich. (Sie springt auf und entfernt sich rasch.)

Leonce Zu viel! zu viel! Mein ganzes Sein ist in dem einen Augenblick. Jetzt stirb. Mehr ist unmöglich. Wie frischathmend, schönheitglänzend ringt die Schöpfung sich aus dem Chaos mir entgegen. Die Erde ist eine Schale von dunkelm Gold, wie schäumt das Licht in ihr und fluthet über ihren Rand und hellauf perlen daraus die Sterne. Meine Lippen saugen sich daran: dieser eine Tropfen Seligkeit macht mich zu einem köstlichen Gefäß. Hinab heiliger Becher! (Er will sich in den Fluß stürzen.)

Valerio (springt auf und umfaßt ihn) Halt Serenissime!

Leonce Laß mich! ·

Valerio Ich werde Sie lassen, sobald Sie gelassen sind und das Wasser zu lassen versprechen.

Leonce Dummkopf!

Valerio Ist denn Eure Hoheit noch nicht über die Lieutenantsromantik hinaus, das Glas zum Fenster hinaus zu werfen, womit man die Gesundheit seiner Geliebten getrunken?

Leonce Ich glaube halbwegs du hast Recht.

Valerio Trösten Sie sich. Wenn Sie auch nicht heut Nacht unter dem Rasen schlafen, so schlafen Sie wenigstens darauf. Es wäre ein eben so selbstmörderischer Versuch in eins von den Betten zu gehn. Man liegt auf dem Stroh wie ein Todter und wird von den Flöhen gestochen wie ein Lebendiger.

Leonce Meinetwegen. (Er legt sich ins Gras.) Mensch, du hast mich um den schönsten Selbstmord gebracht. Ich werde in meinem Leben keinen so vorzüglichen Augenblick mehr dazu finden und das Wetter ist so vortrefflich. Jetzt bin ich schon aus der Stimmung. Der Kerl hat mir mit seiner gelben Weste und seinen himmelblauen Hosen Alles verdorben. – Der Himmel bescheere mir einen recht gesunden, plumpen Schlaf.

Valerio Amen. – Und ich habe ein Menschenleben gerettet und werde mir mit meinem guten Gewissen heut Nacht den Leib warm halten. Wohl bekomm's Valerio!

DRITTER ACT

Leonce. Valerio.

Valerio Heirathen? Seit wann hat es Eure Hoheit zum ewigen Kalender gebracht?

Leonce Weißt du auch, Valerio, daß selbst der Geringste unter den Menschen so groß ist, daß das Leben noch viel zu kurz ist, um ihn lieben zu können? Und dann kann ich doch einer gewissen Art von Leuten, die sich einbilden, daß nichts so schön und heilig sei, daß sie es nicht noch schöner und heiliger machen müßten, die Freude lassen. Es liegt ein gewisser Genuß in dieser lieben Arroganz. Warum soll ich ihnen denselben nicht gönnen?

Valerio Sehr human und philobestialisch. Aber weiß sie auch, wer Sie sind?

Leonce Sie weiß nur daß sie mich liebt.

Valerio Und weiß Eure Hoheit auch, wer sie ist?

Leonce Dummkopf! Frag doch die Nelke und die Thauperle nach ihrem Namen.

Valerio Das heißt, sie ist überhaupt etwas, wenn das nicht schon zu unzart ist und nach dem Signalement schmeckt. – Aber, wie soll das gehn? Hm! – Prinz, bin ich Minister, wenn Sie heute vor Ihrem Vater mit der Unaussprechlichen, Namenlosen, mittelst des Ehesegens zusammengeschmiedet werden? Ihr Wort?

Leonce Mein Wort!

Valerio Der arme Teufel Valerio empfiehlt sich Seiner Excellenz dem Herrn Staatsminister Valerio von Valerienthal. – »Was will der Kerl? Ich kenne ihn nicht. Fort Schlingel!« (Er läuft weg, *Leonce* folgt ihm.)

ZWEITE SCENE
FREIER PLATZ VOR DEM SCHLOSSE
DES KÖNIGS PETER

Der Landrath. Der Schulmeister.

Bauern im Sonntagsputz, Tannenzweige haltend.

Landrath Lieber Herr Schulmeister, wie halten sich Eure Leute?

Schulmeister Sie halten sich so gut in ihren Leiden, daß sie sich schon seit geraumer Zeit aneinander halten. Sie gießen brav Spiritus in sich, sonst könnten sie sich in der Hitze unmöglich so lange halten. Courage, ihr Leute! Streckt eure Tannenzweige grad vor euch hin, daß man meint ihr wärt ein Tannenwald und eure Nasen die Erdbeeren und eure Dreimaster die Hörner vom Wildpret und eure hirschledernen Hosen der

Mondschein darin, und merkt's euch, der Hinterste läuft immer wieder vor den Vordersten, daß es aussieht als wärt ihr ins Quadrat erhoben.

Landrath Und Schulmeister, Ihr stehet vor die Nüchternheit.

Schulmeister Versteht sich, denn ich kann vor Nüchternheit kaum mehr stehen.

Landrath Gebt Acht, Leute, im Programm steht: »Sämmtliche Unterthanen werden von freien Stücken, reinlich gekleidet, wohlgenährt, und mit zufriedenen Gesichtern sich längs der Landstraße aufstellen.« Macht uns keine Schande!

Schulmeister Seid standhaft! Kratzt euch nicht hinter den Ohren und schneuzt euch die Nasen nicht mit den Fingern, so lang das hohe Paar vorbeifährt und zeigt die gehörige Rührung, oder es werden rührende Mittel gebraucht werden. Erkennt was man für euch thut, man hat euch grade so gestellt, daß der Wind von der Küche über euch geht und ihr auch einmal in eurem Leben einen Braten riecht. Könnt ihr noch eure Lection? He! Vi!

Die Bauern Vi!

Schulmeiser Vat!

Die Bauern Vat!

Schulmeister Vivat!

Die Bauern Vivat!

Schulmeister So Herr Landrath. Sie sehen wie die Intelligenz im Steigen ist. Bedenken Sie, es ist Latein. Wir geben aber auch heute Abend einen transparenten Ball mittelst der Löcher in unseren Jacken und Hosen, und schlagen uns mit unseren Fäusten Cocarden an die Köpfe.

DRITTE SCENE

GROSSER SAAL. GEPUTZTE HERREN

UND DAMEN, SORGFÄLTIG

GRUPPIRT

Der Ceremonienmeister mit einigen Bedienten
auf dem Vordergrund.

Ceremonienmeister Es ist ein Jammer! Alles geht zu Grund. Die Braten schnurren ein. Alle Glückwünsche stehen ab. Alle Vatermörder legen sich um, wie melancholische Schweinsohren. Den Bauern wachsen die Nägel und der Bart wieder. Den Soldaten gehn die Locken auf. Von den zwölf Unschuldigen ist Keine, die nicht das horizontale Verhalten dem senkrechten vorzöge. Sie sehen in ihren weißen Kleidchen aus wie erschöpfte Seidenhasen und der Hofpoet grunzt um sie herum wie ein bekümmertes Meerschweinchen. Die Herren Officiere kommen um all ihre Haltung. (Zu einem Diener.) Sage doch dem Herrn Candidaten, er möge seine Buben einmal das Wasser abschlagen lassen. – Der arme Herr Hofprediger! Sein Frack läßt den Schweif ganz melancholisch hängen. Ich glaube er hat Ideale und verwandelt alle Kammerherrn in Kammerstühle. Er ist müde vom Stehen.

Erster Bedienter Alles Fleisch verdirbt vom Stehen. Auch der Hofprediger ist ganz abgestanden, seit er heut Morgen aufgestanden.

Ceremonienmeister Die Hofdamen stehen da, wie Gradirbäue, das Salz crystallisirt an ihren Halsketten.

Zweiter Bedienter Sie machens sich wenigstens bequem. Man kann ihnen nicht nachsagen, daß sie auf den Schultern trügen. Wenn sie auch nicht offenherzig sind, so sind sie doch offen bis zum Herzen.

Ceremonienmeister Ja, sie sind gute Karten vom türkischen Reich, man sieht die Dardanellen und das Marmormeer. Fort, ihr Schlingel! An die Fenster! Da kömmt Ihro Majestät.

(*König Peter* und *der Staatsrath* treten ein.)

Peter Also auch die Prinzessin ist verschwunden? Hat man noch keine Spur von unserm geliebten Erbprinzen? Sind meine Befehle befolgt? Werden die Grenzen beobachtet?

Ceremonienmeister Ja, Majestät. Die Aussicht von dießem Saal gestattet uns die strengste Aufsicht. (Zu dem ersten Bedienten.) Was hast du gesehen?

Erster Bedienter Ein Hund, der seinen Herrn sucht, ist durch das Reich gelaufen.

Ceremonienmeister (zu einem andern) Und du?

Zweiter Bedienter Es geht Jemand auf der Nordgrenze spazieren, aber es ist nicht der Prinz, ich könnte ihn erkennen.

Ceremonienmeister Und du?

Dritter Bedienter Sie verzeihen, Nichts.

Ceremonienmeister Das ist sehr wenig. Und du?

Vierter Diener Auch Nichts.

Ceremonienmeister Das ist noch weniger.

Peter Aber, Staatsrath, habe ich nicht den Beschluß gefaßt, daß meine königliche Majestät sich an diesem Tag freuen und daß an ihm die Hochzeit gefeiert werden sollte? War das nicht unser festester Entschluß?

Präsident Ja, Eure Majestät, so ist es protokollirt und aufgezeichnet.

Peter Und würde ich mich nicht kompromittiren, wenn ich meinen Beschluß nicht ausführte?

Präsident Wenn es anders für Eure Majestät möglich wäre sich zu kompromittiren, so wäre dieß ein Fall, worin sie sich kompromittiren könnte.

Peter Habe ich nicht mein königliches Wort gegeben? Ja, ich werde meinen Beschluß sogleich ins Werk setzen, ich werde mich freuen. (Er reibt sich die Hände.) O ich bin außerordentlich froh!

Präsident Wir theilen sämmtlich die Gefühle Eurer Majestät, so weit es für Unterthanen möglich und schicklich ist.

Peter O ich weiß mir vor Freude nicht zu helfen. Ich werde meinen Kammerherrn rothe Röcke machen lassen, ich werde einige Cadetten zu Lieutenants machen, ich werde meinen Unterthanen erlauben – aber, aber die Hochzeit? Lautet die andere Hälfte des Beschlusses nicht, daß die Hochzeit gefeiert werden sollte?

Präsident Ja, Eure Majestät.

Peter Ja, wenn aber der Prinz nicht kommt und die Prinzessin auch nicht?

Präsident Ja, wenn der Prinz nicht kommt und die Prinzessin auch nicht, – dann – dann –

Peter Dann, dann?

Präsident Dann können sie sich allerdings nicht heirathen.

Peter Halt, ist der Schluß logisch? Wenn – dann. – Richtig! Aber mein Wort, mein königliches Wort!

Präsident Tröste Eure Majestät sich mit andern Majestäten. Ein königliches Wort ist ein Ding, – ein Ding, – ein Ding, – das nichts ist.

Peter (zu den Dienern) Seht ihr noch nichts?

Die Diener Eure Majestät, nichts, gar nichts.

Peter Und ich hatte beschlossen mich so zu freuen, grade mit dem Glockenschlag zwölf wollte ich anfangen und wollte mich freuen volle zwölf Stunden – ich werde ganz melancholisch.

Präsident Alle Unterthanen werden aufgefordert die Gefühle Ihrer Majestät zu theilen.

Ceremonienmeister Denjenigen, welche kein Schnupftuch bei sich haben, ist das Weinen jedoch Anstands halber untersagt.

Erster Bedienter Halt! Ich sehe was! Es ist etwas wie ein Vorsprung, wie eine Nase, das Uebrige ist noch nicht über der Grenze; und dann seh' ich noch einen Mann und dann noch zwei Personen entgegengesetzten Geschlechts.

Ceremonienmeister In welcher Richtung?

Erster Bedienter Sie kommen näher. Sie gehn auf das Schloß zu. Da sind sie.

(*Valerio, Leonce, die Gouvernante* und *die Prinzessin* treten maskirt auf.)

Peter Wer seid Ihr?

Valerio Weiß ich's? (Er nimmt langsam hintereinander mehrere Masken ab.) Bin ich das? oder das? oder das? Wahrhaftig ich bekomme Angst, ich könnte mich so ganz auseinanderschälen und -blättern.

Peter (verlegen) Aber – aber etwas müßt Ihr dann doch sein?

Valerio Wenn Eure Majestät es so befehlen. Aber meine Herren hängen Sie alsdann die Spiegel herum

und verstecken Sie Ihre blanken Knöpfe etwas und sehen Sie mich nicht so an, daß ich mich in Ihren Augen spiegeln muß, oder ich weiß wahrhaftig nicht mehr, wer ich eigentlich bin.

Peter Der Mensch bringt mich in Confusion, zur Desperation. Ich bin in der größten Verwirrung.

Valerio Aber eigentlich wollte ich einer hohen und geehrten Gesellschaft verkündigen, daß hiemit die zwei weltberühmten Automaten angekommen sind und daß ich vielleicht der dritte und merkwürdigste von beiden bin, wenn ich eigentlich selbst recht wüßte, wer ich wäre, worüber man übrigens sich nicht wundern dürfte, da ich selbst gar nichts von dem weiß, was ich rede, ja auch nicht einmal weiß, daß ich es nicht weiß, so daß es höchst wahrscheinlich ist, daß man mich nur so reden läßt, und es eigentlich nichts als Walzen und Windschläuche sind, die das Alles sagen. (Mit schnarrendem Ton.) Sehen Sie hier meine Herren und Damen, zwei Personen beiderlei Geschlechts, ein Männchen und ein Weibchen, einen Herrn und eine Dame. Nichts als Kunst und Mechanismus, nichts als Pappendeckel und Uhrfedern. Jede hat eine feine, feine Feder von Rubin unter dem Nagel der kleinen Zehe am rechten Fuß, man drückt ein klein wenig und die Mechanik läuft volle fünfzig Jahre. Diese Personen sind so vollkommen gearbeitet, daß man sie von andern Menschen gar nicht unterscheiden könnte, wenn man nicht wüßte, daß sie bloße Pappdeckel sind; man könnte sie eigentlich zu Mitgliedern der menschlichen Gesellschaft machen. Sie sind sehr edel, denn sie sprechen hochdeutsch. Sie sind sehr moralisch, denn sie stehen auf den Glockenschlag auf, essen auf den Glockenschlag zu Mittag und gehen auf den Glockenschlag zu Bett, auch haben sie eine gute Verdauung, was beweist, daß sie ein gutes Gewissen haben. Sie haben ein feines sittliches Gefühl, denn die Dame hat gar kein Wort für den Begriff Beinkleider, und dem Herrn ist es rein unmöglich, hinter einem Frauenzimmer eine Treppe hinauf- oder vor ihm hinunterzugehen. Sie sind sehr gebildet, denn die Dame singt alle neuen Opern und der Herr trägt Manschetten. Geben Sie Acht, meine Herren und Damen, sie sind jetzt in einem interessanten Stadium, der Mechanismus der Liebe fängt an sich zu äußern, der Herr hat der Dame schon einige Mal den Shawl getragen, die Dame hat schon einige Mal die Augen verdreht und gen Himmel geblickt. Beide haben schon mehrmals geflüstert: Glaube, Liebe, Hoffnung! beide sehen bereits ganz accordirt aus, es fehlt nur noch das winzige Wörtchen: Amen.

Peter (den Finger an die Nase legend) In effigie? in effigie? Präsident, wenn man einen Menschen in effigie hängen läßt, ist das nicht eben so gut, als wenn er ordentlich gehängt würde?

Präsident Verzeihen, Eure Majestät, es ist noch viel besser, denn es geschieht ihm kein Leid dabei, und er wird dennoch gehängt.

Peter Jetzt hab' ich's. Wir feiern die Hochzeit in effigie. (Auf *Leonce* und *Lena* deutend.) Das ist der Prinz, das ist die Prinzessin. Ich werde meinen Beschluß durchsetzen, ich werde mich freuen. Laßt die Glocken läuten, macht eure Glückwünsche zurecht, hurtig Herr Hofprediger!

   (*Der Hofprediger* tritt vor, räuspert sich, blickt

              einige Mal gen Himmel.)

Valerio Fang' an! Laß deine vermaledeiten Gesichter und fang' an! Wohlauf!

Hofprediger (in der größten Verwirrung) Wenn wir – oder – aber –

Valerio Sintemal und alldieweil –

Hofprediger Denn –

Valerio Es war vor Erschaffung der Welt –

Hofprediger Daß –

Valerio Gott lange Weile hatte –

Peter Machen Sie es nur kurz, Bester.

Hofprediger (sich fassend) Geruhen Eure Hoheit Prinz Leonce vom Reiche Popo und geruhen Eure Hoheit Prinzessin Lena vom Reiche Pipi, und geruhen Eure

Hoheiten gegenseitig sich beiderseitig einander zu wollen, so sagen Sie ein lautes und vernehmliches Ja.

Lena und *Leonce* Ja.

Hofprediger So sage ich Amen.

Valerio Gut gemacht, kurz und bündig; so wäre denn das Männlein und das Fräulein erschaffen und alle Thiere des Paradieses stehen um sie. (*Leonce* nimmt die Maske ab.)

Alle Der Prinz!

Peter Der Prinz! Mein Sohn! Ich bin verloren, ich bin betrogen! (Er geht auf *die Prinzessin* los.)

Wer ist die Person? Ich lasse Alles für ungiltig erklären.

Gouvernante (nimmt *der Prinzessin* die Maske ab, triumphirend) Die Prinzessin!

Leonce Lena?

Lena Leonce?

Leonce Ei Lena, ich glaube das war die Flucht in das Paradies. Ich bin betrogen.

Lena Ich bin betrogen.

Leonce O Zufall!

Lena O Vorsehung!

Valerio Ich muß lachen, ich muß lachen. Eure Hoheiten sind wahrhaftig durch den Zufall einander zugefallen; ich hoffe Sie werden, dem Zufall zu Gefallen, Gefallen aneinander finden.

Gouvernante Daß meine alten Augen das sehen konnten! Ein irrender Königssohn! Jetzt sterb' ich ruhig.

Peter Meine Kinder ich bin gerührt, ich weiß mich vor Rührung kaum zu lassen. Ich bin der glücklichste Mann! Ich lege aber auch hiermit feierlichst die Regierung in deine Hände, mein Sohn, und werde sogleich ungestört jetzt bloß nur noch zu denken anfangen. Mein Sohn, du überlässest mir diese Weisen (Er deutet auf *den Staatsrath*), damit sie mich in meinen Bemühungen unterstützen. Kommen Sie meine Herren, wir müssen denken, ungestört denken. (Er entfernt sich mit *dem Staatsrath*.) Der Mensch hat mich vorhin confus gemacht, ich muß mir wieder heraushelfen.

Leonce (zu den Anwesenden) Meine Herren, meine Gemahlin und ich bedauern unendlich, daß Sie uns heute so lange zu Diensten gestanden sind. Ihre Stellung ist so traurig, daß wir um keinen Preis Ihre Standhaftigkeit länger auf die Probe stellen möchten. Gehn Sie jetzt nach Hause, aber vergessen Sie Ihre Reden, Predigten und Verse nicht, denn morgen fangen wir in aller Ruhe und Gemüthlichkeit den Spaß noch einmal von vorn an. Auf Wiedersehn!

(Alle entfernen sich, *Leonce, Lena, Valerio* und *die Gouvernante* ausgenommen.)

Leonce Nun Lena, siehst du jetzt, wie wir die Taschen voll haben, voll Puppen und Spielzeug? Was wollen wir damit anfangen? Wollen wir ihnen Schnurrbärte machen und ihnen Säbel anhängen? Oder wollen wir ihnen Fräcke anziehen, und sie infusorische Politik und Diplomatie treiben lassen und uns mit dem Mikroskop daneben setzen? Oder hast du Verlangen nach einer Drehorgel auf der milchweiße ästhetische Spitzmäuse herumhuschen? Wollen wir ein Theater bauen? (*Lena* lehnt sich an ihn und schüttelt den Kopf.) Aber ich weiß besser was du willst, wir lassen alle Uhren zerschlagen, alle Kalender verbieten und zählen Stunden und Monden nur nach der Blumenuhr, nur nach Blüthe und Frucht. Und dann umstellen wir das Ländchen mit Brennspiegeln, daß es keinen Winter mehr gibt und wir uns im Sommer bis Ischia und Capri hinaufdestilliren, und wir das ganze Jahr zwischen Rosen und Veilchen, zwischen Orangen und Lorbeern stecken.

Valerio Und ich werde Staatsminister und es wird ein Dekret erlassen, daß wer sich Schwielen in die Hände schafft unter Kuratel gestellt wird, daß wer sich krank arbeitet kriminalistisch strafbar ist, daß Jeder der sich rühmt sein Brod im Schweiße seines Angesichts zu essen, für verrückt und der menschlichen Gesellschaft gefährlich erklärt wird und dann legen wir uns in den Schatten und bitten Gott um Makkaroni, Melonen und Feigen, um musikalische Kehlen, klassische Leiber und eine kommode Religion!

LEONCE UND LENA
VERSTREUTE BRUCHSTÜCKE

Vorrede

Alfieri: e la fama?
Gozzi: e la fame?

PERSONEN

I. ACT

O wär' ich doch ein Narr!
Mein Ehrgeiz geht auf eine bunte Jacke.
Wie es Euch gefällt.

I. SCENE

EIN GARTEN

Prinz (halb ruhend auf einer Bank, *der Hofmeister*.) Mein
Herr, was wollen Sie von mir? Mich auf meinen Beruf
vorbereiten? Ich habe alle Hände voll zu thun, ich weiß
mir vor Arbeit nicht zu helfen. – Sehen Sie, erst habe
ich auf den Stein hier dreihundert fünf und sechzig mal
hintereinander zu spucken. Haben Sie das noch nicht
probirt? Thun Sie es, es gewährt eine ganz eigne Unter-
haltung. Dann – sehen Sie dieße Hand voll Sand? – (Er
nimmt Sand auf, wirft ihn in die Höhe und fängt ihn mit dem Rücken
der Hand wieder auf.) – jezt werf' ich sie in die Höhe.
Wollen wir wetten? Wieviel Körnchen hab' ich jezt auf
dem Handrücken? Grad oder ungrad? – Wie? Sie wollen nicht wetten? Sind Sie ein Heide? Glauben Sie an
Gott? Ich wette gewöhnlich mit mir selbst und kann es
tagelang so treiben. Wenn Sie einen Menschen aufzu-
treiben wissen, der Lust hätte als mit mir zu wetten, so
werden Sie mich sehr verbinden. Dann – habe ich
nachzudenken, wie es wohl angehn mag, daß ich mir

auf den Kopf sehe. – O wer sich einmal auf den Kopf sehen könnte! Das ist eins von meinen Idealen. Mir wäre geholfen. Und dann – und dann noch unendlich Viel der Art. – Bin ich ein Müßiggänger? Habe ich jezt keine Beschäftigung? – Ja es ist traurig . . .

Hofmeister Sehr traurig, Euer Hoheit.

Prinz Daß die Wolken schon seit 3 Wochen von Westen nach Osten ziehen. Es macht mich ganz melancholisch.

Hofmeister Eine sehr gegründete Melancholie.

Prinz Mensch, warum widersprechen Sie mir nicht? Sie sind pressirt, nicht wahr? Es ist mir leid, daß ich Sie so lange aufgehalten habe. (*Der Hofmeister* entfernt sich mit einer tiefen Verbeugung.) Mein Herr, ich gratulire Ihnen zu der schönen Parenthese, die Ihre Beine machen, wenn Sie sich verbeugen.

Prinz (allein, streckt sich auf der Bank aus) Die Bienen sitzen so träg an den Blumen und der Sonnenschein liegt so faul auf dem Boden. Es krassirt ein entsetzlicher Müßiggang. – Müßiggang ist aller Laster Anfang. – Was die Leute nicht Alles aus Langeweile treiben, sie studiren aus Langeweile, sie beten aus Langeweile, sie verlieben, verheurathen und vermehren sich aus Langeweile und sterben endlich an der Langeweile und – und das ist der Humor davon – Alles mit den ernsthaftesten Gesichtern, ohne zu merken warum und meinen Gott weiß was dabey. Alle dieße Helden, dieße Genies, dieße Dummköpfe, dieße Sünder, dieße Heiligen, dieße Familienväter sind im Grunde nichts als raffinirte Müßiggänger. – Warum muß ich es grade wissen? Ich bin ein elender Spaßmacher. Warum kann ich meinen Spaß nicht auch mit einem ernsthaften Gesicht vorbringen? – Der Mann, der eben von mir gieng, ich beneidete ihn, ich hätte ihn aus Neid prügeln mögen. O, wer einmal jemand Anders seyn könnte! Nur 'ne Minute lang.

(*Valerio,* halb trunken, kommt gelaufen.)

Prinz (faßt ihn am Arm) Kerl, du kannst laufen? Mein Gott, wenn ich nur etwas unter der Sonne wüßte, was mich noch könnte laufen machen.

Valerio (legt den Finger an die Nase und sieht ihn starr an) Ja!

Prinz (eben so) Richtig!

Valerio Haben Sie mich begriffen?

Prinz Vollkommen.

Valerio Nun so wollen wir von etwas Anderm reden. – Ich werde mich indessen in das Gras legen und meine Nase oben zwischen den Halmen herausblühen lassen und romantische Empfindungen beziehen, wenn die Bienen und Schmetterlinge sich darauf wiegen, wie auf einer Rose.

Prinz Aber Bester, schnaufen Sie nicht so stark, oder die Bienen und Schmetterlinge müssen verhungern über den ungeheuren Prisen, die Sie aus den Blumen ziehen.

Valerio Ach, Herr, was ich ein Gefühl für die Natur habe. Das Gras steht so schön, daß man ein Ochs seyn möchte, um es fressen zu können, und dann wieder ein Mensch, um den Ochsen zu fressen, der solches Gras gefressen.

Prinz Unglücklicher, Sie scheinen auch an Idealen zu laboriren.

Valerio O Gott! ich laufe schon seit 8 Tagen einem Ideal von Rindfleisch nach, ohne es irgendwo in der Realität anzutreffen.

(Er singt:) Frau Wirthin hat 'ne brave Magd,

Sie sitzt im Garten Tag und Nacht.

Sie sitzt in ihrem Garten

Bis daß das Glöcklein zwölfe schlägt

Und paßt auf die Solda-a-ten.

(Er setzt sich auf den Boden.) Seht dieße Ameisen, liebe Kinder, es ist bewundernswürdig welcher Instinkt in dießen kleinen Geschöpfen, Ordnung, Fleiß – Herr, es giebt nur vier Arten, sein Geld auf eine menschliche Weise zu verdienen, es finden, in der Lotterie gewinnen, erben oder in Gottes Namen stehlen, wenn man die Geschicklichkeit hat keine Gewissensbisse zu bekommen.

Prinz Du bist mit dießen Principien ziemlich alt

geworden ohne vor Hunger oder am Galgen zu sterben.

Valerio (ihn immer ansehend) Ja Herr, und das behaupte
ich, wer sein Geld auf eine andere Art erwirbt ist ein
Schuft.

Prinz Denn wer arbeitet ist ein subtiler Selbstmör-
der, und ein Selbstmörder ist ein Verbrecher und ein
Verbrecher ist ein Schuft, also, wer arbeitet ist ein
Schuft.

Valerio Ja. — Aber dennoch sind die Ameisen ein
sehr nützliches Ungeziefer und doch sind sie wieder
nicht so nützlich, als wenn sie gar keinen Schaden
thäten. Nichts destoweniger, werthestes Ungeziefer,
kann ich mir nicht das Vergnügen versagen einigen
von Ihnen mit der Ferse auf den Hintern zu schlagen,
die Nasen zu putzen und die Nägel zu schneiden.

(*Zwei Polizeydiener* treten auf.)

1. Poliz. Halt, wo ist der Kerl?

2. Pol. Da sind zwei.

1. P. Sieh einmal ob Keiner davon läuft?

2. P. Ich glaube es läuft Keiner.

1. P. So müssen wir sie Beyde inquiriren. — Meine
Herren, wir suchen Jemand, ein Subject, ein Individuum, eine Person, einen Delinquenten, einen Inqui-
siten, einen Kerl. (Zu dem andern *Pol.*) Sieh einmal, wird
Keiner roth?

2. P. Es ist Keiner roth geworden.

1. P. So müssen wir es anders probiren. – Wo ist der Steckbrief, das Signalement, das Certificat?

(*2. Pol.* zieht ein Papier aus der Tasche
und überreicht es ihm.)

Visire die Subjecte, ich will lesen: ein Mensch –

2. P. Paßt nicht, es sind zwei.

1. P. Dummkopf! geht auf 2 Füßen, hat zwei Arme, ferner einen Mund, eine Nase, zwei Augen, zwei Ohren. Besondere Kennzeichen: ist ein höchst gefährliches Individuum.

2. P. Das paßt auf Beyde. Soll ich sie Beyde arretiren?

1. P. Zwei, das ist gefährlich wir sind auch nur zwei. Aber ich will einen Rapport machen. Es ist ein Fall von sehr kriminalischer Verwicklung oder sehr verwickelter Kriminalität. Denn wenn ich mich betrinke und mich in mein Bett lege, so ist das meine Sache und geht Niemand was an, wenn ich aber mein Bett vertrinke, so ist das die Sache von wem, Schlingel?

2. P. Ja, ich weiß nicht.

1. P. Ja, ich auch nicht, aber das ist der Punkt. (Sie gehen ab.)

Valerio Da läugne Einer die Vorsehung. Seht, was man nicht mit einem Floh ausrichten kann. Denn wenn es mich nicht heute Nacht überlaufen hätte, so hätte ich

nicht den Morgen mein Bett an die Sonne getragen und hätte ich es nicht an die Sonne getragen, so wäre ich nicht damit neben das Wirthshaus zum Mond gerathen und wenn Sonne und Mond es nicht beschienen hätten, so hätte ich aus meinem Strohsack keinen Wein keltern und mich daran betrinken können und wenn das Alles nicht geschehen wäre, so wäre ich jezt nicht in Ihrer Gesellschaft, wertheste Ameisen, und würde von Ihnen scelettirt und von der Sonne ausgetrocknet, sondern würde ein Stück Fleisch tranchiren und eine Bouteille Wein austrocknen – im Spital nemlich.

Prinz Ein erbaulicher Lebenslauf.

Valerio Ich habe einen läufigen Lebenslauf. Denn nur mein Laufen hat im Lauf dießes Krieges mein Leben vor einem Lauf gerettet, der ein Loch in dasselbe machen wollte. Ich bekam in Folge dießer Rettung eines Menschenlebens einen trocknen Husten, welcher den Doctor annehmen ließ, daß mein Laufen ein Galoppiren geworden sey und ich die galoppirende Auszehrung hätte. Da ich nun zugleich fand, daß ich ohne Zehrung sey, so verfiel ich in oder vielmehr auf ein zehrendes Fieber, worin ich täglich, um dem Vaterland einen Vertheidiger zu erhalten, gute Suppe, gutes Rindfleisch, gutes Brod essen und guten Wein trinken mußte.

Prinz Nun Edelster, dein Handwerk, dein métier,

deine Profession, dein Gewerbe, dein Stand, deine Kunst?

Valerio Herr, ich habe die große Beschäftigung müßig zu gehen, ich habe eine ungemeine Fertigkeit im Nichtsthun, ich besitze eine ungeheure Ausdauer in der Faulheit.

*

Gouvernante (weint) Lieber Engel, du bist ein wahres Opferlamm.

Lena Ja wohl, und der Priester hebt schon das Messer. – O Gott, ist es denn wahr, daß wir uns selbst erlösen müssen mit unserm Schmerz? Ist es denn wahr die Welt sey ein gekreuzigter Heiland, die Sonne seine Dornenkrone und die Sterne die Nägel und Speere in seinen Füßen und Lenden?

Gouvernante Mein Kind, mein Kind! ich kann dich nicht so sehen. – Vielleicht, wer weiß. Ich habe so etwas im Kopf. Wir wollen sehen. Komm! (Sie führt *die Prinzessin* weg.)

Wie ist mir eine Stimme doch erklungen im tiefsten
Innern,
Und hat
[*Satz bricht ab.*]

Steh auf in deinem weißen Kleid u. schwebe durch
die Nacht u. sprich zur Leiche steh auf und wandle.

Lena Die heiligen Lippen, die so sprachen, sind
längst Staub.

Leonce O nein,

Val. Heirathen?

Prinz Das heißt Leben u. Liebe eins seyn lassen, daß
die Liebe das Leben ist, und das Leben die Liebe.
Weißt du auch Valerio, daß auch der Geringste so groß
ist, daß das menschliche Leben viel zu kurz ist um ihn
lieben zu können? Und dann kann ich doch den Leuten
das Vergnügen gönnen, die meinen daß nichts so
schön und heilig sey, daß sie es nicht noch schöner und
heiliger machen müßten. Es liegt ein gewisser Genuß
in d. Meinung, warum sollt' ich ihn ihnen nicht gönnen.

Val. Ja, nur ich denke, daß der Wein noch lange

kein Mensch ist und daß man ihn doch sein ganzes Leben lieben kann. Aber weiß sie auch wer Sie sind.

Leonce Sie weiß nur, daß sie mich liebt.

Valerio Und wissen Sie auch wer sie ist?

Leonce Dummkopf! Sie ist so Blume, daß sie kaum getauft seyn kann, eine geschlossne Knospe, noch ganz geschlossen vom Morgenthau u. d. Traum d. Nachtzeder.

Val. Gut meinetwegen. Wie soll das gehn? Prinz, bin ich Minister, wenn Sie heute vor Ihrem Vater mit d. Unaussprechlichen, Namenlosen kopulirt werden?

Leonce Wie ist das möglich?

Val. Das wird sich finden, bin ich's?

Leonce Mein Wort.

Val. Danke. Kommen Sie.

NACHWORT

»O WÄR' ICH DOCH EIN NARR!«

Einen Monat vor seinem Tode, am 20. Januar 1837, bedauert der dreiundzwanzigjährige Georg Büchner, in einem Brief aus Zürich an seine Braut, den »armen Shakespeare«: er »war Schreiber den Tag über und mußte Nachts dichten, und ich, der ich nicht werth bin, ihm die Schuhriemen zu lösen, hab's weit besser.« So spricht im Johannesevangelium – Büchner liebte biblische Anspielungen – Johannes der Täufer über Christus. Kein Zweifel, daß er den Vergleich ernst meinte. Aber er hat sich Unrecht getan. Weder ging es ihm besser als Shakespeare, noch hatte er Grund, sich vor ihm zu demütigen. Wilhelm Schulz, ebenfalls politischer Flüchtling aus Hessen, Freund der letzten Züricher Lebensmonate und Verfasser der eindringlichsten Würdigungen, die im 19. Jahrhundert über Büchner geschrieben wurden, stellte im Jahre 1850 fest:

»Das vormärzliche Deutschland – das nachmärzliche hätte es noch schlimmer gemacht – hat seinen Dichter nicht blos nicht erkannt; dieses Deutschland – oder nenne man es lieber die unselige Verdrehtheit und Zerrissenheit der socialen Zustände – hat ihn auch um's Leben gebracht . . .«

Georg Büchner hat sich in den kaum zwei Jahren nach seiner Flucht aus Hessen in Straßburg und Zürich buchstäblich zu Tode gearbeitet, als Mediziner, als Naturwissenschaftler, als Dichter, als Übersetzer, als Philosoph. Er ebnete sich gleichzeitig eine Universitätskarriere als Anatom und als Dozent der Philosophie. »Hätte ich in der Unabhängigkeit leben können, die der Reichthum gibt«, bemerkte er auf seinem Totenbett, »so konnte etwas Rechtes aus mir werden.«

Er war wohl die stärkste und vielseitigste Begabung, die das Deutschland des 19. Jahrhunderts hervorbrachte und zerstörte. Wenn einer, dann durfte *er* einem Shakespeare die Schuhriemen lösen, dann wäre *er* es wert, an seiner Seite zu stehen.

Nicht nur wegen der Weite und Tiefe seiner Ausdruckswelt, mehr noch wegen der souveränen Art, in der er Tragisches und Komisches in seinem Werk vereinte.

Die Tatsache, daß nur ein kleines Lustspiel von Georg Büchner überliefert ist, macht nämlich einen durchaus trügerischen Eindruck. Weniger deshalb, weil eine Komödie über »Pietro Aretino«, einen großen und gefürchteten Spötter, Pamphletisten und Erotiker der Renaissance, vermutlich verlorengegangen ist. Sondern deshalb, weil Büchner nichts lieber tat, als zu lachen, zu spotten, zu satirisieren und zu verhöhnen, weil er es liebte – so nannte er es selber –, *sich als Narr zu produzieren*. Schon der Schüler hat es getan und sich durch komische Theatralisierungen der Situation gegen die tödliche Langeweile der Schule gewehrt oder seine Freunde und Bekannten mit witzigen Stegreifspielen überrumpelt. Unter seinem durchdringenden kritischen Blick wurde ihm der Alltag und seine Umwelt immer wieder zur komischen Szene, zur Komödie.

Seine Briefe sind voll davon. Schon der erste überlieferte entlarvt mit der plötzlichen Schlußwendung »– und die Comödie ist fertig« am Beispiel einer Straßburger Studentendemonstration für die Freiheit Polens das komische Mißverhältnis von pseudorevolutionärem Aufwand und nichtigem politischen Effekt, zwischen Freiheits-Pose und realem Zwang. Kaum ein Brief ohne eine witzige Wendung, ohne eine pointierte Szene dieser Art. Auch sich selber hat Büchner nicht verschont: »Will ich etwas Ernstes thun, so komme ich mir vor, wie Larifari in der Komödie; will er das Schwerdt ziehen: so ist's ein Hasenschwanz.« (März 1834) Am Abend seines Todes haben die Freunde sich unter Tränen und Lachen seiner erinnert:

»Bald flossen unsre Tränen, und bald mußten wir lachen, wenn wir uns seine treffende Satire, seine witzigen Einfälle und launigen Scherze ins Gedächtnis zurückriefen.«

Büchners Bewußtsein gründete in einem zwiefachen Spielbewußtsein, in dem Bewußtsein zu spielen und gespielt zu werden, die Welt als Komödie zu entlarven und zu erleiden. Von diesem Bewußtsein sind alle seine Werke durchtränkt, vor allem »Dantons Tod« – »wir stehen immer auf dem Theater, wenn wir auch zuletzt im Ernst erstochen werden«, heißt es dort in Umkehrung des Larifari-Wortes. Die Gassen- und Promenadenszenen dieses Dramas sind reinstes Straßentheater, eine Konterkarierung des Satzes, mit dem Camille sein leidenschaftliches Extempore gegen die idealistische Kunst beschließt: »Setzt die Leute aus dem Theater auf die Gasse: ach, die erbärmliche Wirklichkeit!«

Die rührendste, aber fast immer unterschlagene Szene des Büchnerschen Straßentheaters steht in den »Woyzeck«-Entwürfen. Vor einer Bude preist der Ausrufer sein »astronomisches Pferd« und einen kleinen Canaillevogel an: »Sehn Sie die Fortschritte d. Civilisation. Alles schreitet fort, ein Pferd, ein Aff, ein Canaillevogel! Der Aff ist schon ein Soldat, s'ist noch nit viel, unterst Stuf von menschliche Geschlecht!« Gegen diesen Versuch, den Tieren die Natur auszutreiben und sie zu marionettenhaften Menschen heraufzudressieren, gegen dieses pervertierte Budentheater wird hart und kommentarlos eine kleine Szene Woyzecks abgesetzt:

»Das will ich Dir sagen, ich hatt en Hundele (und)

das schnuffelt' an eim großen Hut u. konnt' nicht drauf und da hab' ich's ihm aus Gutmüthigkeit erleichtert und hab' ihn drauf gesezt. Und da standen die Leut herum und . . .«

. . . worauf ein zuschauender »Herr« bemerkt: »Grotesk! Sehr grotesk!« Man hat kürzlich mit Gründen vorgeschlagen, statt »Hut« – was Büchner tatsächlich schrieb – »Hund« zu lesen. In einer Welt, in der die Tiere zu automatischen Menschen abgerichtet und die Menschen wie Tiere behandelt werden, führt Woyzeck unverfälschte Solidarität mit der Kreatur und ihren Trieben vor. Eine Lektion, die ihren Wert behält, obwohl sie Büchner teilweise gestrichen hat. Wer sie »grotesk« nennt, hat ihn und seine Spiele nicht begriffen: »ach, die erbärmliche Wirklichkeit!«

Auch in »Leonce und Lena« gibt es eine Straßentheater-Szene, am Beginn des dritten Aktes, auf dem »freien Platz vor dem Schlosse des Königs Peter«, wo die »Bauern im Sonntagsputz, Tannenzweige haltend« aufmarschiert und zu »Vivat«-Schreiern abgerichtet worden sind. Der fürstliche Programmzettel schreibt ihnen folgende Statisten- und Zuschauerrolle vor: »Sämtliche Unterthanen werden von freien Stücken, reinlich gekleidet, wohlgenährt, und mit zufriedenen Gesichtern sich längs der Landstraße aufstellen.« Warum diese Szene »grotesk« ausfällt, warum sie nicht funktioniert, das zu erraten überläßt Büchner den Zuschauern seines Straßentheaters. Das Volk weiß bei ihm nur selten, was gespielt wird. Büchners universales Spielbewußtsein ist es jedenfalls, das alle seine Stücke vereinigt. Es potenziert sich in jenem Werk, das lange Zeit – als romantische Nostalgie und Spielerei – nicht ganz ernst genommen wurde und noch heute einen Außenseiter-Status einnimmt: in »Leonce und Lena«.

II

Wie ist das Spielbewußtsein Georg Büchners entstanden und welche Funktion besitzt es?

Er hat sich seinen Eltern sehr deutlich darüber erklärt:

»Man nennt mich einen Spötter. Es ist wahr, ich lache oft, aber ich lache nicht darüber, *wie* Jemand ein Mensch, sondern nur darüber, *daß* er ein Mensch ist, wofür er ohnehin nichts kann, und ich lache dabei über mich selbst, der ich sein Schicksal theile. Die Leute nennen das Spott, sie vertragen es nicht, daß man sich als Narr producirt und sie duzt; sie sind Verächter, Spötter und Hochmüthige, weil sie die Narrheit nur *außer sich* suchen.«

Das klingt wie eine engagierte Betrachtung über die gebrechliche »condition humaine«, über die allem

Menschenwesen eingeborene Narrheit. Aber schon die nächste Wendung rückt sie in einen entschieden sozialpolitischen Kontext:

»Ich habe freilich noch eine Art von Spott, es ist aber nicht der der Verachtung, sondern der des Hasses. Der Haß ist so gut erlaubt als die Liebe, und ich hege ihn im vollsten Maße gegen die, *welche verachten.* Es ist deren eine große Zahl, die im Besitze einer lächerlichen Aeußerlichkeit, die man Bildung, oder eines todten Krams, den man Gelehrsamkeit heißt, die große Masse ihrer Brüder ihrem verachtenden Egoismus opfern. Der Aristocratismus ist die schändlichste Verachtung des heiligen Geistes im Menschen; gegen ihn kehre ich seine eigenen Waffen; Hochmuth gegen Hochmuth, Spott gegen Spott.«

Und Büchner schließt seinen Brief vom Februar 1834 mit der Bemerkung:

»Ich hoffe noch immer, daß ich leidenden, gedrückten Gestalten mehr mitleidige Blicke zugeworfen, als kalten, vornehmen Herzen bittere Worte gesagt habe. –«

Lachen und Spott haben es sowohl mit dem Menschsein überhaupt wie mit jenem »Riß zwischen der gebildeten und ungebildeten Gesellschaft« zu tun, der nach Büchner im »Verhältnis zwischen Armen und Reichen (. . .) das einzige revolutionäre Element in der

Welt« darstellt. Wer sich »als Narr producirt« und seine Mitmenschen brüderlich duzt, ist sich dieses Risses schmerzlich bewußt und versucht, ihm wenigstens subjektiv und innerhalb der *gebildeten* Klasse« entgegenzuwirken. Schon in diesem ›philosophischen‹ Lachen und Spotten Georg Büchners äußert sich ein sozialpolitisches Verhalten: der tägliche Versuch, gesellschaftliche Unterschiede im Hinblick auf die gemeinsame menschliche »Narrheit« lachend einzuebnen.

Er kann sich steigern zu polemischer »Narrheit«, zu aggressivem Spott und Haß. Sie haben die Funktion eines pararevolutionären Gleichmachers inmitten einer Situation, die nach der Auffassung Büchners ebenso von der Notwendigkeit wie von der Unmöglichkeit einer Revolution gekennzeichnet ist. Sie sind sowohl Ausdruck der Verzweiflung über die Versteinerung der politischen Verhältnisse wie ein ständiges Erinnerungszeichen, sie nicht als unabänderlich hinzunehmen.

So hat sich Georg Büchner als Angehöriger der gebildeten und von der Macht profitierenden Klasse »als Narr producirt«, um den geistigen Aristokratismus gegen einen geistigen Demokratismus einzutauschen, um sich der »großen Masse« seiner »Brüder« zu nähern und um sich seiner Privilegien, die er nicht abstreifen konnte, wenigstens zu schämen. Denn wer sich als Narr produziert, gibt freiwillig scheinbare oder usurpierte Macht preis, um sich zur Ohnmacht zu bekennen; er betritt gesellschaftliches Niemandsland, zwischen den Klassen.

Daß er damit weder die gesellschaftlichen Verhältnisse, noch seine eigene Position in ihnen verändern konnte, wußte Büchner nur zu gut. Und so hat er sich denn in seinem Lustspiel in die Rollen von Leonce und Valerio aufgespalten: für beide gilt das Shakespeare-Motto des ersten Aktes, beide produzieren sich als Narren, aber während in Leonce noch die aristokratische Komponente dominiert, überwiegt in Valerio schon die plebejische. Und die beiden Arten des Spottes, die philosophisch-versöhnliche und die sozialpolemische, haben sich fast ununterscheidbar darin vereint.

Wer sich als »Narr producirt«, zieht bei aller persönlichen Ohnmacht schon die ersten Konsequenzen aus jenem empörenden Komödienzustand der politischen Welt, wie ihn Büchner erfahren und in seinem Lustspiel »Leonce und Lena« in höchster Verdichtung und – Verkleinerung gezeigt hat.

Man kann darauf in seinen Briefen die Probe machen. Über die französischen Verhältnisse schreibt er im Dezember 1832:

»Für eine politische Abhandlung habe ich keine Zeit mehr, es wäre auch nicht der Mühe werth, das Ganze ist doch nur eine Comödie. Der König und die Kammern regieren und das Volk klatscht und bezahlt.«

Büchner entlarvt die französische Pseudo-Demokratie. Der König und die Kammern spielen dem ahnungslosen Volk eine parlamentarische Komödie vor, um ihre Alleinherrschaft zu verschleiern. Und das geprellte Volk beklatscht seine eigene Ohnmacht und Ausbeutung und schreit wohl gar noch »Vivat!«

Auf die deutschen Verhältnisse übertragen, wird dieses Spiel noch zynischer:

»Wir wissen, was wir von unseren Fürsten zu erwarten haben. Alles, was sie bewilligten, wurde ihnen durch die Nothwendigkeit abgezwungen. Und selbst das Bewilligte wurde uns hingeworfen, wie eine erbettelte Gnade und ein elendes Kinderspielzeug, um dem ewigen Maulaffen *Volk* seine zu eng geschnürte Wickelschnur vergessen zu machen. Es ist eine blecherne Flinte und ein hölzerner Säbel, womit nur ein Deutscher die Abgeschmacktheit begehen konnte, Soldatchens zu spielen.«

Die Deutschen als ahnungsloser Larifari, der Hasenschwänze für ein Schwert hält! Noch aggressiver wird der Ton der Entlarvung im Dezember 1833:

»Die politischen Verhältnisse könnten mich rasend

machen. Das arme Volk schleppt geduldig den Karren, worauf die Fürsten und Liberalen ihre Affenkomödie spielen. Ich bete jeden Abend zum Hanf und zu d. Laternen.«

Büchners komische Ästhetisierung der politischen Welt ist ein aggressiv-polemischer Vorgang, der durch alle Verschleierungen hindurch die wahren Abhängigkeits- und Ausbeutungsverhältnisse aufdecken will. Die politische Auseinandersetzung zwischen deutschen Liberalen und Fürsten um eine demokratische Verfassung wird als ein abgekartetes Spiel durchschaut, dessen Lasten der »ewige Maulaffe Volk« zu tragen hat. Dem komischen Urkontrast von Sein und Schein liegt bei Büchner immer der verheimlichte, kaschierte Gegensatz und Widerspruch zwischen Macht und Ohnmacht, Herr und Knecht, Freiheit und Unfreiheit zugrunde. Im Zustand und Vorgang der Komödie befindet sich sowohl derjenige, der seine Herrschaft und Macht verschleiert, wie derjenige, der sich darüber und über seine eigene Ohnmacht täuscht und täuschen läßt. Und da Büchner in diesem Zwillingsvorgang die Grundstruktur der deutschen und französischen Verhältnisse erkennt, kann er – der weiß, was gespielt wird –, als ein Zuschauer zweiten Grades nicht umhin, immer wieder in Spott und Lachen auszubrechen. Dadurch gewinnt er Distanz zur politischen Komödie seiner Zeit, aber er entkommt ihr nicht. Er weiß, daß er selber in ihr mitspielen muß, daß die herrschenden Verhältnisse auch ihn zum Narren halten – z. B., wenn die hessischen Bauern eine Flugschrift, die ihnen helfen soll, Büchners »Hessischen Landboten«, brav und ängstlich bei der Polizei abliefern. Wer sich selbst als Narr und die Welt als Komödie produziert, dem sind die Augen darüber aufgegangen, der sieht ein Spiel auf vielen Ebenen.

Denn die politische »Affenkomödie« der Fürsten und Liberalen ist nicht nur Ausdruck der vorsätzlichen Täuschung und Unterdrückung des geduldig-ohnmächtigen »Maulaffen Volk«, sondern Zeugnis auch der Zukunftslosigkeit, Überflüssigkeit und Unwirklichkeit dieser Gesellschaftsschicht. Spielzwang und Spielbewußtsein sind auf dieser Ebene – daran hat Büchner keinen Zweifel gelassen – gesellschafts- und klassenbedingt, das Stigma der »gebildeten und wohlhabenden Minorität«:

»Ich glaube, man muß in socialen Dingen von einem absoluten *Rechts*grundsatz ausgehen, die Bildung eines neuen geistigen Lebens im *Volk* suchen und die abgelebte moderne Gesellschaft zum Teufel gehen lassen. Zu was soll ein Ding, wie diese, zwischen Himmel und Erde herumlaufen? Das ganze Leben derselben besteht nur in Versuchen, sich die entsetzlichste Langeweile zu vertreiben. Sie mag aussterben, das ist das einzig Neue, was sie noch erleben kann.« (1836)

Diese abgelebte und funktionslose Gesellschaft vermag nichts Sinnvolles und Produktives mehr zu leisten. Sie kann nur noch, zum Zeitvertreib und um ihr Ende hinauszuschieben, sich selber spielen und mit ihrer »Affenkomödie« das Volk übertölpeln.

Über dem fundamentalen Spiel aus »Langeweile« erheben sich also drei weitere Spielebenen: erstens die »Affenkomödie« der herrschenden Verhältnisse, d. h. der vorsätzliche politische Betrug am Volk; zweitens das Spielbewußtsein dessen, der diese politische Komödie durchschaut und sich als Narr produziert, um dem lähmenden historischen Widerspruch zwischen Notwendigkeit und Unmöglichkeit einer Revolution standzuhalten; und schließlich das philosophische Lachen darüber, *daß* wir *alle* gebrechliche Menschen sind, d. h. die Einsicht in das komische Mißverhältnis von Anspruch und Bedeutungslosigkeit des Einzelnen. Diese Erkenntnis ist Büchner am bittersten beim Studium der Französischen Revolution aufgegangen:

»Ich fühlte mich wie zernichtet unter dem gräßlichen Fatalismus der Geschichte. Ich finde in der Menschennatur eine entsetzliche Gleichheit, in den menschlichen Verhältnissen eine unabwendbare Gewalt, Allen und Keinem verliehen. Der Einzelne nur

Schaum auf der Welle, die Größe ein bloßer Zufall, die Herrschaft des Genies ein Puppenspiel, ein lächerliches Ringen gegen ein ehernes Gesetz, es zu erkennen das Höchste, es zu beherrschen unmöglich. Es fällt mir nicht ein, vor den Paradegäulen und Eckstehern der Geschichte mich zu bücken.« (März 1834)

Über drei sozialpolitisch geprägten Spielebenen wölbt sich eine philosophische – aber auch sie hat schließlich, mit der Einebnung der Großen in der Geschichte, einen demokratisierenden Effekt.

Georg Büchner hat an allen Spielebenen partizipiert, widerwillig auch an den untersten beiden. Denn als Mitglied der »gebildeten und wohlhabenden Minorität« waren ihm ihre Langeweile, ihr Spielbewußtsein und ihre Privilegien wohlbekannt, war ihm selbst der schändliche »Aristocratismus« dieser Schicht, die »feine Aristokratie der Menschenverachtung«, wie es von Danton heißt, nicht völlig unvertraut.

Obwohl er gesellschaftlichen Hochmut, Verachtung und Egoismus von sich abtat und seine gebildeten Standesgenossen provozierte, die egalisierende »Narrheit« in sich selber zu suchen, war er nüchtern genug zu erkennen, daß er damit seiner »abgelebten Gesellschaft« nicht entkam, daß sich an den objektiven Verhältnissen nichts veränderte. So blieb ihm nach dem gescheiterten Versuch eines direkten politischen Eingriffes in Hessen nur noch eins: in seinen dichterischen Werken auf den beiden höheren entlarvenden Spielebenen der politischen »Affenkomödie« nach Kräften entgegenzuwirken.

In »Dantons Tod« zeigt er die Komödie der Revolution und wie der »ewige Maulaffe Volk« auch noch den Komödienkarren der Revolution zu schleppen hat. Im »Woyzeck«, wie einem Menschen aus diesem Volk mitgespielt wird – sein Mord erscheint als Verbrechen, das die herrschenden Verhältnisse an ihm begehen, als »eine blutige Klage, die das Leben selbst erhebt« (Max Frisch). In »Leonce und Lena« präsentiert Büchner die vier Spielebenen in einer höchst eigentümlichen Verbindung und Akzentuierung: in dem gelangweilten, aristokratischen und hochmütigen Leonce stellt er sich selber als »überflüssiges Mitglied der Gesellschaft« vor, und um seine dichterische Konterbande nach Deutschland einzuführen – das Lustspiel wurde nach der Flucht im Sommer 1836 für ein Preisausschreiben des Stuttgarter Cotta-Verlages geschrieben –, hat er die politische Entlarvungskomik fast ganz in einem philosophischen Spielbewußtsein und Narrentum aufgehen lassen, hat er sich selbst an die Stelle des obersten anonymen Spielmeisters gesetzt. Die in den anderen Stücken als »Es« und »Muß« erfahrene Übermacht wird zum künstlerischen Incognito des Dichters, unter dem er sein Spiel inszeniert; die ursprünglich elementare Gewalt entkörpert sich zum Zwang der Leere. Ein übriges mögen das Befreiungsgefühl in Straßburg und seine philosophischen Studien, die nähere Bekanntschaft mit der »Armseligkeit des menschlichen Geistes« zu der verspielten Konzeption beigetragen haben.

III

So ist das kleine Lustspiel komplizierter gebaut, als einerseits die romantisch-ästhetische, andrerseits die vulgärmarxistische und einseitig politische Deutung es wahrhaben möchten. Wie in den anderen Werken entsteht das poetische Leben auch hier durch die Vielfalt und Einheit konkurrierender Perspektiven und Systeme. Krasse Sozialsatire und persönliche und poetische Sympathie mit dem blasierten Leonce schließen einander nicht aus. Büchner steht ausnahmsweise auf Seiten der herrschenden Spieler – aber nur, um zu demonstrieren, daß auch sie Gespielte, daß sie lebendige Marionetten sind. Er nimmt als Autor die archimedische Rolle jener mitleidlosen Instanz ein, die in den anderen Stücken als anonyme übermenschliche Gewalt hineinwirkt, und karikiert damit auf märchenhafte Weise die sterile und inhumane deutsche Kleinstaatlichkeit. Er gefällt sich in dem erbarmungslosen epikureischen Blick und Genuß von oben, der im »Danton« den unbekannten Göttern angelastet wird (IV, 5), und bekennt doch gleichzeitig, in einer ironischen Kritik des eigenen Dichtungsvermögens, daß »die Herrschaft des Genies ein Puppenspiel« ist.

Wie nahe Georg Büchner der Figur des *Leonce* stand, illustriert ein biographischer Hinweis des schon erwähnten Wilhelm Schulz, der gewiß nicht im Verdacht konservativer Verzeichnung steht:

»Büchner (. . .), der bittere Hasser jeder Art von Aristokratie, mit einer Haut, so fein und so durchsichtig, daß sie das altadeligste Fräulein auf jedem Hofballe gern noch bis über die äußersten Grenzen des Anstandes hinaus zur Schau getragen hätte, hatte doch etwas Vornehmes und Aristokratisches in seinem Ansehen. Hätte nicht die mächtige, breite Stirne den außerordentlichen Geist verkündigt, so hätte er für einen deutschen Prinzen passiren können, der im gerechten Ueberdrusse an seiner höchst überflüssigen prinzlichen Existenz aus Verzweiflung unter die Demokraten gegangen ist.«

Leonce geht zwar nicht unter die Demokraten – in seiner hermetischen geschichtslosen Miniaturwelt gibt es keine, gibt es überhaupt keinen Ausweg, nicht einmal den Tod –, aber er lebt und agiert doch im verzweifelten »Ueberdrusse an seiner höchst überflüssigen prinzlichen Existenz«; er weiß, daß das Dasein seiner abgelebten Gesellschaft nur noch in »Versuchen« besteht, »sich die entsetzlichste Langeweile zu vertreiben«. So produziert er sich unablässig als Narr, ohne freilich die »feine Aristokratie der Menschenverachtung« von sich abtun zu können; so füllt er die Leere des Raums und der Zeit mit närrischen Improvisationen und redet, weil er nicht mehr handeln und schweigen kann. Die Sprache wird zum eigentlichen Spielraum des Lustspiels, eine Sprache, die nichts mehr zu sagen hat, die keine menschlichen Beziehungen mehr stiftet, die nur noch dem mehr oder weniger virtuosen Zeitvertreib dient, mit dem die Figuren ein belangloses Dasein fristen.

Dazu stimmt es, daß der größte Teil des Lustspiels aus Zitatsprache besteht, in Anleihen aus Shakespeare, der romantischen Komödie (Tieck, Brentano), den »Nachtwachen des Bonaventura«, dem Werke E. T. A. Hoffmanns, den »Comédies et Proverbes« Alfred de Mussets usw. Es ist Spielmaterial in einer überständigen artifiziellen Welt, die keinen eigenen Ausdruck mehr besitzt. Spielmaterial auch für den Autor Georg Büchner, dem die eigene Dichtung zum Spielwerk wird. Er hat sie bereits a priori als kleinformatige Spielwelt konzipiert und mikroskopiert – der politische Akt ihrer Entlarvung zur »Affenkomödie« liegt weit hinter ihr und muß nicht mehr im Drama selber geleistet werden.

Das Lustspiel insgesamt ist ein poetisch chiffriertes Gleichnis dafür, wie Georg Büchner die politische Stagnation der Biedermeier- oder Vormärzzeit, des Großherzogtums Hessen, der fürstlichen Kleinstaaterei in Deutschland, wie er den lähmenden Widerspruch zwischen Notwendigkeit und Undurchführbarkeit einer sozialpolitischen Umwälzung erfahren hat.

Zu dieser Erfahrung – ohne ihre politische Ladung zu mindern – gehörte, wie gesagt, auch die geschichtsphilosophische Einsicht in die Ohnmacht des Einzelnen, in die Unbeherrschbarkeit des ehernen Geschichtsgesetzes, gehörte das bittere Danton-Wort: »Puppen sind wir von unbekannten Gewalten am Draht gezogen; nichts, nichts wir selbst!«, gehörte aber auch der heitere Wille, die eingeborene Narrheit des Menschen zu akzeptieren und zu praktizieren.

Auch daher rührt die partielle Identifikation mit Leonce, dessen kulinarisch-neronische Züge vor allem in der Rosetta-Szene ohne satirische Schärfe bloßgestellt werden. Daher wird selbst dem unbeholfenen *König Peter* nicht alle Sympathie entzogen. Wo es eines Knoten im königlichen Taschentuch bedarf, um an das Volk zu denken, erübrigt sich explizit politischer Spott auf einen verdummten Kleinstaats-Serinissimus. Wer sich gehetzt in leeren Kreisbewegungen dreht, am Rande des Sprach- und Ichzerfalls, vom ständigen Ruin seines kleinen, aus ein paar fixen Ideen bestehenden »Systems« bedroht und letzten Halt nur im »symmetrischen Schreiten« findet, der repräsentiert zwar noch immer eine lebensfeindliche Macht, aber eine, die ihm schon längst nicht mehr gehört. Seinesgleichen kann zwar »aus ordentlichen Menschen ordentliche Soldaten ausschneiden, so daß Alles ganz natürlich wird«, »schwarze Fräcke und weiße Halsbinden zu Staatsdienern machen« und »sie infusorische Politik und Diplomatie treiben lassen« und sich »mit dem Mikroskop daneben setzen«, aber auch er ist von einer großen Schere aus den Schnittmustern für komische Duodezpotentaten ausgeschnitten worden, auch er gehört zu den Opfern eines durchdringenden *Horror vacui.* Er weiß es nur nicht – wie die gewitzten Akteure Leonce und Valerio.

In dem Narren *Valerio,* den die fünf Vokale miteinander gezeugt haben, erlangt das Lustspiel den höchsten Grad seines Spielbewußtseins, das Bewußtsein zu spielen und gespielt zu werden. Er inszeniert die hintersinnige Automaten-Szene, deren Pointe es ist, daß Leonce und Lena ihr ahnungslos, als betrogene Betrüger, zum Opfer fallen. Die gespielten Automaten hal-

ten ihre Spieler zum Narren und machen sie zu leben-
digen Marionetten!

In Valerio ist Georg Büchners politischer, philoso-
phischer und ästhetischer Impuls, sich als Narr zu
produzieren, zur Figur geronnen. Er ist die Schlüssel-
figur des kleinen Werks, sein *Maître de plaisir*. Mit
seinen Einfällen und »köstlichen Phantasien« hält es
sich in Gang, bis es, über die universale Spiel-Meta-
pher in der Szene II, 2 (»Die Sonne sieht aus wie ein
Wirthshausschild . . .«), mit der er die Gouvernante
und Lena geradezu auf die Bühne zieht, durch das
Automaten-Arrangement zu einem glücklich-trostlo-
sen Ende kommt. Trostlos, weil die Figuren nicht
enden, nicht »aussterben« können, weil sie ewig wei-
terspielen müssen – so wie schon in »Dantons Tod« mit
Luciles Ruf: »Es lebe der König!« alles »noch einmal
von vorn« anfängt.

Wie seine literarischen Ahnen (vor allem bei Shakespeare) gehört Valerio zwar zur Hofgesellschaft, aber
er geht nicht in ihr auf. Er ist eine Volksfigur, die
freieste und unabhängigste von allen, weil er das
durchdringendste Automatenbewußtsein besitzt. Sein
respektloser freizügiger Witz hat egalisierende Kraft;
gegen Leonces aristokratische Langeweile setzt er sein
plebejisches Narrentum. Kein Wunder, daß gerade *er*
die Arbeit und die Schwielen abschaffen und unter

Strafe stellen will und zuletzt ein utopisches Schlaraffenland verkündet – dahinter stehen die zerlumpten Bauern der Szene III, 2 und Büchners bitterer »Gedanke, daß für die meisten Menschen auch die armseligsten Genüsse und Freuden unerreichbare Kostbarkeiten sind«.

Wie Büchners Bettler-Figuren hat Valerio die herrschende Gesellschaft bis auf den Grund durchschaut und setzt ihrem lebensfeindlichen Arbeits- und Ausbeutungszwang ein souveränes Schmarotzertum entgegen. Wenn er am Ende gar »Staatsminister« werden will, hört man – von gar nicht so fern – den »Hessischen Landboten« spotten:

»Könnte aber auch ein ehrlicher Mann jetzo Minister seyn oder bleiben, so wäre er, wie die Sachen stehn in Deutschland, nur eine Drahtpuppe, an der die fürstliche Puppe zieht und an dem fürstlichen Popanz zieht wieder ein Kammerdiener oder ein Kutscher oder seine Frau und ihr Günstling, oder sein Halbbruder – oder alle zusammen.«

Ergo: » – und die Comödie ist fertig.« –

Die *Frauen* Georg Büchners sind Menschen für sich, mehr Natur- als Geschichtswesen, unschuldiger und lebendiger als die Männer. Das gilt besonders für die zarte *Lena*. Sie kommt wie aus einer anderen Welt, aus der Welt des Volkslieds, das Büchner über alles liebte.

Ihr Auftritt, mit dem sie am Ende des ersten Aktes eingeführt wird, ist ein in Szene gesetztes Lied. Seine strophischen Abschnitte gleichen einem kleinen Passionsweg. Der einfache Satz Luciles: »Wir müssen's wohl leiden« wird szenisch entfaltet, aus einem persönlichen Leidenszustand über einen menschheitlichen in einen kosmischen:

»Mein Gott, mein Gott, ist es denn wahr, daß wir uns selbst erlösen müssen mit unserm Schmerz? Ist es denn wahr, die Welt sei ein gekreuzigter Heiland, die Sonne seine Dornenkrone und die Sterne die Nägel und Speere in seinen Füßen und Lenden?«

Obwohl von hier aus – wie von vielen anderen Stellen – direkte Wege in den »Lenz«, in den »Danton« und den »Woyzeck« (z. B. ins Großmuttermärchen) weiterführen, liegt ein komischer Hauch auch über den rührenden Lena-Szenen: durch die Unverhältnismäßigkeit des Vergleichs, mit dem ein Opfer des dynastischen Heiratszwangs den kosmischen Schmerzensmann anruft, durch das deplacierte Pathos, mit dem hier der ephemere Leidenszustand einer winzigen Lustspielwelt beschworen wird. Während Leonce wie in einem grellen »engen Spiegelzimmer« agiert und ein ruheloses Sprachspiel betreiben muß, das ihn blendet und verzehrt, ist Lenas ursprüngliche Sprache ganz Stimme und weicher Schmerzenslaut.

Ihr Zusammentreffen in der zweiten Szene des zweiten Aktes ist deshalb eine harmonische Begegnung der *Stimmen*, im gemeinsamen, wiederum liedhaften Wissen um den unabänderlichen Leidenszustand des Lebens und der Welt. Es gibt bei Georg Büchner keine »Erlösung durch die Liebe«. Männer und Frauen verwandeln und verändern einander nicht, aber sie machen sich das Dasein, seine Einsamkeit und seine Verzweiflung, erträglicher; sie geben einander Ruhe und Schlaf und die Hoffnung, einmal ganz und für immer zur Ruhe zu kommen.

Das gilt auch für Leonce und Lena. Ihre sprechgesanghafte, fast makabre Liebesbegegnung in II, 4 steht im Zeichen der Nacht, des Todes und des Sterbenwollens. Sie beschert Leonce einen einzigen dionysischen Lebens- und Schöpfungsaugenblick, jene »gewisse Dosis Enthusiasmus«, die er stracks aber vergeblich dazu benutzt, sich aus seinem sterilen Dasein davonzustehlen.

Auch am Ende des Lustspiels hat sich nichts verändert, weder die Verhältnisse noch die Figuren; nur der Ton ist milder und gelöster, der endlose Kreislauf desselben erträglicher geworden. Das Verstehen zwischen Leonce und Lena bleibt stumm: »Lena lehnt sich an ihn und schüttelt den Kopf.«

Das Lustspiel insgesamt besitzt keine Handlung, denn seine Zeit steht still – selbst der simpel-abgezirkelte konventionelle Aufbau und Ablauf sind lediglich vorgetäuscht. Die originalen Szenen werden niemals gespielt, allenfalls ihr parodischer Ersatz – so wie Leonce und Lena am Ende noch *in effigie* getraut werden. Es geschieht etwas, aber es tut sich nichts. Die beiden Titelfiguren, für einander bestimmt, voreinander fliehend, laufen geradewegs aufeinander zu – wie »Puppen«, »von unsichtbaren Gewalten am Draht gezogen«. Handlungsflucht wird zur Handlung.

Alle Figuren gehören in das gleiche Ensemble lebendiger Marionetten – nur der Grad ihrer Lebendigkeit, das Maß ihres Spielraums macht sie noch verschieden. Sie sind Gefangene einer hermetischen Spielwelt, ohne Ausweg, ohne transzendierendes Bewußtsein. Ihr Dasein deckt sich mit der Bühne und Szene, die zugleich Spiel und Zwang, Schein und Realität ist. Hinter dem Sprachraum des Lustspiels, als Flucht- und Spielfeld der Figuren, steht ein pantomimischer Spielraum, in dem eine unsichtbar lenkende Hand mit den »Spielkarten« der Figuren eine »Partie« macht. Ihre scheinbar so willkürlichen Bewegungen verfremden sich immer wieder zu einem grotesken, unheimlich-launigen Marionettenspiel: der hastige Prinz und der hölzerne Hofmeister; König Peter im Kampf mit Kleidungsstücken, Kammerdienern und Kategorien; der symmetrische Auf- und Abmarsch des Staatsrates; die hungrigen, dressierten Bauern, betrunken nach dem Hochzeitsbraten schnuppernd – Szenenbilder in Callot'scher Manier.

Der Leser und Zuschauer besitzt dieser miniaturesken Spielwelt gegenüber, die wie aus Pappmaché gebildet erscheint, zwar einen archimedischen Blickpunkt – er schaut von oben in sie hinein –, aber keine eigene Welt mehr, mit der er sie aus den Angeln heben könnte. Trotz erstem Anschein ist sie keine willkürliche Konstruktion, kein phantastisches Märchengespinst, sondern die gleiche, nur unendlich weit abgerückte, zusammengeschnurrte und verfremdete Welt wie im »Danton« und »Woyzeck«. Denn »man braucht gerade nicht hoch über der Erde zu stehen um von all dem wirren Schwanken und Flimmern nichts mehr zu sehen« und von wo aus alles zum »infusorischen« Treiben wird, das man mit dem »Mikroskop« heranholen und genießen kann.

Daher die bei seinem harmlosen Kostüm erstaunliche Faszinationskraft des Lustspiels: der Spielraum ist in eine Ferne gerückt, die ihm die zierlichen Ausmaße und Laute einer Puppenbühne gibt, und ist doch nächste trostlose Wirklichkeit. Seine Figuren leben im grotesken Übergang zum Marionettendasein und hören doch nicht auf, uns wie unseresgleichen zu berühren. Man kann über dieses Spiel lachen und muß doch insgeheim mit ihm trauern, über seine kleine Welt ohne Transzendenz, ein schwebendes Gebilde im Nichts und unverdrossenes Spiel im Leeren – erfüllt von einer Komik und Heiterkeit, die sein Autor der Verzweiflung abgewonnen hat.

Er ist der geheime Fluchtpunkt der Komödie. Er hat die kleine Kulissenwelt aufgeschlagen, die Figuren abgezählt, kostümiert und auf die Bühne gestellt, er gewährt und bemißt ihren Spielraum, schickt sie auf die leere Szene, läßt sie dann mutterseelenallein agieren und schaut ihnen zu wie ein »Römer«, dem »zum Dessert die goldnen Fische in ihren Todesfarben« spielen; er hat den musikalischen zweiten Akt regelrecht komponiert und lenkt heimlich als ein *deus ex machina* den ganzen Ablauf, ohne daß die Figuren um diesen Lustspieldirektor wissen. Aber er ist ihnen nicht nur heimlicher Herr, sondern auch ein ohnmächtig mitleidender Bruder. Sind sie doch verurteilt, in dem mikroskopischen Abbild jener närrischen, sinnlosen Welt zu agieren, von der sich sein eigenes Auge so oft umgeben sieht. Leonce und Valerio sind nicht nur Stellvertreter des Dichters, Lena nicht nur Widerklang seiner Braut, aber alle drei stehen ihm gleich nahe. So hat das kleine Spiel auch etwas wunderbar Privates, nicht als Bodensatz, sondern als Fluidum.

Georg Büchner hat seinem Lustspiel eine italienische »Vorrede« beigegeben: »E la fama? – E la fame?« Sie ist eine *comedia in nuce* – nur *ein* entlarvender Buchstabe trennt gesellschaftlichen Schein von realer Not. Durch das Cotta'sche Preisausschreiben hoffte er sicherlich nicht nur »Ruhm«, sondern auch »Brot« zu gewinnen. Weil sein Beitrag zu spät eintraf, erhielt er ihn ungeöffnet und ungelesen zurück.

Ein merkwürdig verdrehter Zufall. Denn auch von dem eigenen Jahrhundert erhielt Büchner – ohne Ruhm und Brot – sein Werk ungelesen zurück, aber nicht weil es zu spät, sondern weil es um mindestens fünfzig Jahre zu früh erschienen war, weil es mehr ins 20. als ins 19. Jahrhundert gehörte. Und daß Büchner Karl Marx nicht begegnet ist, hat diesem »Klassiker« vielleicht eine Irritation erspart. Der Ruin der Systeme ist unsere Erfahrung, der Ideologieverdacht unser Spott.

Das Lustspiel wurde im Mai 1895 in München uraufgeführt. Aber es bedurfte erst des absurden und grotesken Theaters, um es in seiner Modernität und als gültiges Werk Georg Büchners zu erkennen.

Jürgen Schröder

INHALT